Bilingual Reading Comprehension
Grade One

Published by
Frank Schaffer Publications®

Editor: Sara Bierling

Frank Schaffer Publications®

Send all inquiries to:
Frank Schaffer Publications
3195 Wilson Drive NW
Grand Rapids, Michigan 49534

Bilingual Reading Comprehension —grade 1

ISBN: 0-7682-3421-2

3 4 5 6 7 8 9 MAZ 10 09 08 07

Table of Contents

Thematic Correlation Chart/
Skills Correlation Chart

Theme	Tema	Page Numbers/Números de páginas
All About Me	Todo sobre mí	15–16, 53–54, 69–70, 73–74, 85–86
Animals	Animales	13–14, 17–18, 27–28, 71–72, 81–82, 85–86, 87–88, 91–92, 93–94, 95–96, 99–100, 115–116, 117–118, 119–120, 121–122, 125–126, 143–144
Calendar	Calendario	21–22, 83–84
Colors	Colores	59–60
Community	Comunidad	41–42, 47–48, 99–100, 105–106, 107–108, 111–112, 131–132
Earth & Space	Tierra y espacio	113–114, 141–142
Farm	Granja	57–58, 61–62
Food	Alimento	5–6, 19–20, 51–52, 75–76, 77–78, 79–80, 89–90, 135–136
Friends	Amigos	87–88, 101–102, 103–104, 109–110
Home	Hogar	55–56, 97–98
Human Body	Cuerpo humano	69–70, 73–74
Letters	Cartas	47–48, 49–50, 111–112
Maps	Mapas	35–36
Money	Dinero	67–68
Pets	Mascotas	81–82, 85–86, 115–116, 121–122, 125–126
Plants	Plantas	19–20, 39–40, 45–46, 63–64, 75–76, 77–78, 79–80, 133–134, 135–136
Regions/Locations	Regiones/Lugares	23–24, 145–146
Seasons	Estaciones	65–66, 89–90
Shopping	Compras	25–26, 29–30
Sports	Deportes	11–12, 123–124
Transportation	Transporte	7–8, 9–10, 31–32, 37–38, 127–128, 129–130
Weather	Clima	33–34, 43–44, 137–138, 139–140

Skill	Habilidad	Page Numbers/Números de páginas
Cause/Effect	Causa/Efecto	37–38
Cloze	Completar enunciados	117–118
Compare/Contrast	Comparación/Contraste	33–34, 35–36, 91–92
Context Clues	Pistas del contexto	31–32, 107–108
Fact/Opinion	Hecho/Opinión	129–130, 131–132
Following Directions	Seguir instrucciones	59–60
Identifying Details	Identificación de detalles	25–26, 57–58, 69–70, 71–72, 77–78, 95–96, 97–98, 111–112, 113–114, 115–116, 121–122, 123–124, 125–126, 133–134, 135–136, 143–144
Inferencing	Inferencia	45–46, 47–48, 49–50, 51–52
Main Idea	Idea principal	23–24, 55–56, 79–80, 81–82, 99–100, 101–102, 109–110
Predicting	Predicción	39–40, 41–42, 43–44, 61–62, 145–146
Reality/Fantasy	Realidad/Fantasía	87–88, 93–94
Sequencing	Secuencia	5–6, 7–8, 9–10, 11–12, 13–14, 21–22
Sorting/Classifying	Clasificación	15–16, 17–18, 19–20, 29–30, 53–54, 83–84, 89–90, 119–120
Story Elements	Elementos del cuento	63–64, 65–66, 127–128
Summarizing	Resumen	27–28, 67–68, 75–76, 103–104, 105–106, 137–138, 139–140, 141–142
Vocabulary	Vocabulario	73–74, 85–86

Ice Cream

Ice cream comes in many yummy flavors.

How do you make an ?

Dip a  of ice cream.

Put the 🍨 on the 🍦 .

Eat your 🍦 !

Ice cream is good on a hot day.

1. Put the steps in order. Write 1, 2, or 3.

_____ Put the 🍨 on the 🍦 .

_____ Eat your 🍦 .

_____ Dip a 🍨 of ice cream.

2. Ice cream is good on a

_____

- - - - - - - - - - - - - - -

_____ day.

3. Circle your favorite flavor.

chocolate

vanilla

strawberry

0-7682-3421-2 Bilingual Reading Comprehension

Secuencia   Nombre _____ Fecha _____

El helado

El helado viene en muchos deliciosos sabores.

¿Cómo haces un ?

Saca una 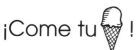 de helado.

Coloca la 🍨 en el 🍦.

¡Come tu 🍦!

El helado es bueno en un día caluroso.

1. Acomoda los pasos en orden.
Escribe 1, 2 ó 3.

_____ Coloca la 🍨 en el 🍦.

_____ Come tu 🍦.

_____ Saca una 🍨 de helado.

2. El helado es bueno en un día

_____

_ _ _ _ _ _ _ _ _ _ _ _

_____ .

3. Encierra en un círculo tu sabor favorito.

chocolate

vainilla

fresa

The Bus

The bus takes people many places.

First the bus takes people to .

Next it stops at a . Then it goes

to the  . The bus helps people

all day long.

Directions: Circle the right answer.

1. Where can you go on a bus?

A.

B.

C.

2. Where does the bus go first?

A.

B.

C.

3. Where does the bus go last?

A.

B.

C.

Nombre _____ Fecha _____

El autobús

El autobús lleva a la gente a muchos lugares.

Primero el autobús lleva a la gente al .

Enseguida se detiene en un . Luego va al

 . El autobús ayuda a la gente todo el día.

Instrucciones: Encierra en un círculo la respuesta correcta.

1. A dónde puedes ir en un autobús?

   A.

   B.

   C.

2. ¿A dónde va primero el autobús?

   A.

   B.

   C.

3. ¿A dónde va el autobús al final?

   A.

   B.

   C.

Name _____ Date _____

Trains

Trains ride on tracks. The  pulls the train.

Each [boxcar] is part of the train. A train has a

red [caboose] at the end.

Directions: Circle the right answer.

1. What pulls the train?

   A. [locomotive]

   B. [caboose]

   C. [boxcar]

2. What comes next on the train?

   A. [caboose]

   B. [locomotive]

   C. [boxcar]

3. What is at the end of a train?

   A. [boxcar]

   B. [caboose]

   C. [locomotive]

4. Write the word in the blank.
   Trains ride on

   _____

   - - - - - - - - - - - - - - - - -

   _____ .

Los trenes

Los trenes caminan sobre las vías. estira al tren.

Cada  forma parte del tren. Un tren tiene un

rojo al final.

Instrucciones: Encierra en un círculo la respuesta correcta.

1. ¿Qué estira al tren?

   A.

   B.

   C.

2. ¿Qué es lo que sigue en el tren?

   A.

   B.

   C.

3. ¿Qué va al final del tren?

   A.

   B.

   C.

4. Escribe la palabra en el renglón. Los trenes caminan sobre las

   _____

   - - - - - - - - - - - - - - -

   _____ .

The Baseball Game

Bob and his dad go to a baseball game. First, they sit down. Then, Bob eats a . His dad eats some . The game is good. The team hits a home run! Bob and his dad have fun.

Directions: Circle the right answer.

1. What do Bob and his dad do first?

   A. eat food

   B. hit a home run

   C. sit down

2. What does Bob eat?

   A.

   B.

   C.

3. What happens in the baseball game?

   A. The team eats food.

   B. The team has fun.

   C. The team hits a home run.

4. Have you been to a baseball game?

   Yes   **No**

0-7682-3421-2 Bilingual Reading Comprehension

El juego de béisbol

Bob y su papá van a un juego de

béisbol. Primero se sientan. Enseguida

Bob se come un . Su papá

come  . El juego es muy bueno. ¡El equipo

hace un home run! Bob y su papá se divierten.

Instrucciones: Encierra en un círculo la respuesta correcta.

1. ¿Qué hacen Bob y su papá primero?

   A. comen

   B. un home run

   C. se sientan

2. ¿Qué come Bob?

   A.

   B. ![hot dog]

   C. ![salt shaker]

3. ¿Qué sucede en el juego de béisbol?

   A. El equipo come.

   B. El equipo se divierte.

   C. El equipo hace un home run.

4. ¿Has ido a un juego de béisbol?

   Sí   **No**

The Spider

A spider finds a good place for a home. She spins a web. She works hard. She waits for a fly. The fly will be her dinner.

Directions: Circle the right answer.

1. What does the spider do first?

   A. finds a good place for a home

   B. waits for a fly

   C. works hard

2. What does the spider do last?

   A. spins a web

   B. waits for a fly

   C. works hard

3. Do spiders have homes?

   Yes   **No**

4. Do spiders eat flies?

   Yes   **No**

5. Do spiders cook food?

   Yes   **No**

Secuencia   Nombre _____ Fecha _____

La araña

Una araña encuentra un buen lugar para su casa. Teje una telaraña. Trabaja duro. Espera a que llegue una mosca. La mosca será su cena.

Instrucciones: Encierra en un círculo la respuesta correcta.

1. ¿Qué hace la araña primero?

   A. Encuentra un buen lugar para su casa.

   B. Espera a que llegue una mosca.

   C. Trabaja duro.

2. ¿Qué hace la araña al final?

   A. Teje una telaraña.

   B. Espera a que llegue una mosca.

   C. Trabaja duro.

3. ¿Tienen casa las arañas?

   Sí   **No**

4. ¿Comen moscas las arañas?

   Sí   **No**

5. ¿Cocinan comida las arañas?

   Sí   **No**

My Feelings

Today I had many feelings. I was happy when we had art class. I was sad when I heard a story about a hurt dog. When Gina took my pen, I was angry. When my brother yelled "Boo!" I was surprised.

Directions: What does each face show? Draw a line.

1.    A. sad

2.    B. happy

3.    C. angry

4.    D. surprised

Directions: Circle the feeling from the story.

5. When we had art class, I was

   happy.   angry.

6. When I heard the story, I was

   surprised.   sad.

7. When Gina took my pen, I was

   happy.   angry.

8. When my brother yelled, I was

   surprised.   sad.

Mis sentimientos

Hoy tuve muchos sentimientos. Estuve contento en mi clase de arte. Estuve triste cuando escuché un cuento de un perro lastimado. Cuando Gina tomó mi pluma, estuve enojado. Cuando mi hermano gritó "¡Bú!", estuve sorprendido.

Instrucciones: ¿Qué muestra cada cara? Traza una línea.

1.    A. triste

2.    B. contento

3.    C. enojado

4.    D. sorprendido

Instrucciones: Encierra en un círculo el sentimiento de la historia.

5. En mi clase de arte, estuve

   contento.   enojado.

6. Cuando escuché el cuento, estuve

   sorprendido.   triste.

7. Cuando Gina tomó mi pluma, estuve

   contento.   enojado.

8. Cuando mi hermano gritó, estuve

   sorprendido.   triste.

Baby Animals

Baby animals sometimes have special names.
A baby cat is called a **kitten**. A baby horse is called
a **colt**. A baby cow is a **calf**. A baby dog is a **puppy**.
How many baby animal names do you know?

Directions: Draw a line from the name to the picture.

1.    A. calf

2.    B. puppy

3.    C. kitten

4.   D. colt

0-7682-3421-2 *Bilingual Reading Comprehension*

Animales bebés

Algunas veces los animales bebés tienen nombres especiales. Un gato bebé se llama **gatito**. Un caballo bebé se llama **potro**. Una vaca bebé se llama **becerro**. Un perro bebé se llama **cachorro**. ¿Cuántos nombres de animales bebés conoces?

Instrucciones: Traza una línea del nombre al dibujo.

1.    A. becerro

2.    B. cachorro

3.    C. gatito

4.    D. potro

0-7682-3421-2 *Bilingual Reading Comprehension*

Fruits and Vegetables

Ana's mother sells fruit. Ana loves to look at the red apples and the yellow bananas. She likes the peaches, too. Ana's mother also sells vegetables. She sells carrots, corn, and potatoes. After school, Ana helps her mother at her store. She puts the fruits and vegetables into bags.

Directions: Look at the pictures. Write **F** next to each fruit. Write **V** next to each vegetable.

1. ____

2. ____

3. ____

4. ____

5. ____

6. Circle the picture of something that Ana's mother sells.

0-7682-3421-2 Bilingual Reading Comprehension

Frutas y verduras

La mamá de Ana vende fruta. A Ana le gusta ver las manzanas rojas y las bananas amarillas. También le gustan los duraznos. La mamá de Ana también vende verduras. Vende zanahorias, maíz y papas. Después de clases, Ana ayuda a su mamá en la tienda. Pone las frutas y las verduras en bolsas.

Instrucciones: Observa los dibujos. Escribe **F** enseguida de cada fruta. Escribe **V** enseguida de cada verdura.

1. _____

2. _____

3. _____

4. _____

5. _____

6. Encierra en un círculo el dibujo de una cosa que vende la mamá de Ana.

20   0-7682-3421-2 *Bilingual Reading Comprehension*

Days

There are seven days in a week. Sunday is the first day of the week. Saturday and Sunday are weekend days. The other five days are school days. Which day do you like best?

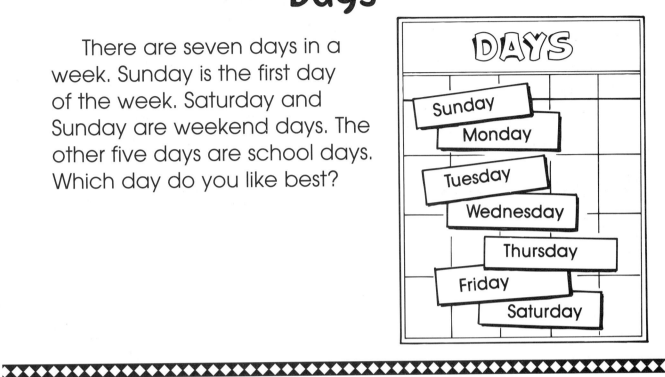

Directions: Circle the right answer.

1. Which day is a school day?

   A. Saturday

   B. Thursday

   C. Sunday

2. Which day is a weekend day?

   A. Monday

   B. Friday

   C. Saturday

3. Which day comes first?

   A. Sunday

   B. Tuesday

   C. Saturday

4. Which day do you like best? Write its name.

   _____

   - - - - - - - - - -

   _____

    0-7682-3421-2 *Bilingual Reading Comprehension*

Los días de la semana

La semana tiene siete días. El domingo es el primer día de la semana. El sábado y el domingo son días del fin de semana. Los otros cinco días son días de clases. ¿Cuáles te gustan más?

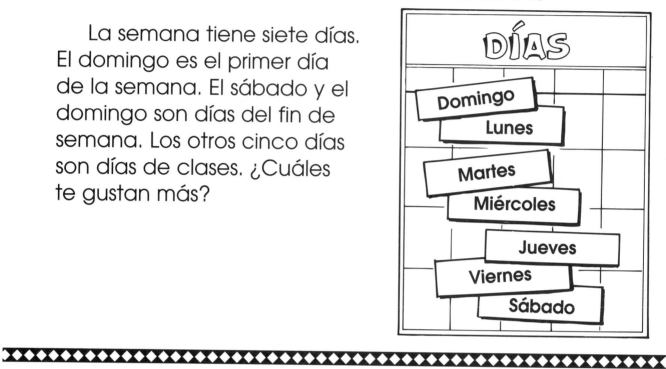

Instrucciones: Encierra en un círculo la respuesta correcta.

1. ¿Qué día es día de clases?

   A. sábado

   B. jueves

   C. domingo

2. ¿Qué día es un día del fin de semana?

   A. lunes

   B. viernes

   C. sábado

3. ¿Qué día va primero?

   A. domingo

   B. martes

   C. sábado

4. ¿Cuál es tu día favorito? Escribe su nombre.

   _____

   - - - - - - - - - - - -

   _____

Name _____ Date _____

Way Out West

Jane spends the summer on her dad's ranch. Jane rides horses. She helps take care of the horses, too. She wears jeans, boots, and a cowboy hat. Jane loves the horses and cows. She loves the ranch.

Directions: Circle the right answer.

1. This story is mainly about

    A. Jane's summer on a ranch.

    B. Jane's riding lessons.

    C. Jane's school year.

    D. Jane's jeans and boots.

2. Another good title for this story is

    A. "Jane's Horses"

    B. "Cows and Calves"

    C. "On the Ranch"

    D. "Summer"

3. Choose the words that tell about the main idea.

    A. jeans and boots

    B. horses and cows

    C. Jane and her dad

    D. ranch and summer

4. Circle the hat that Jane might wear on the ranch.

Nombre _____   Fecha _____

Vamos al oeste

Jane pasa los veranos en el rancho de su papá. Jane monta caballos y también ayuda a cuidar a los caballos. Usa pantalones de mezclilla, botas y un sombrero vaquero. A Jane le gustan mucho los caballos y las vacas. Le encanta el rancho.

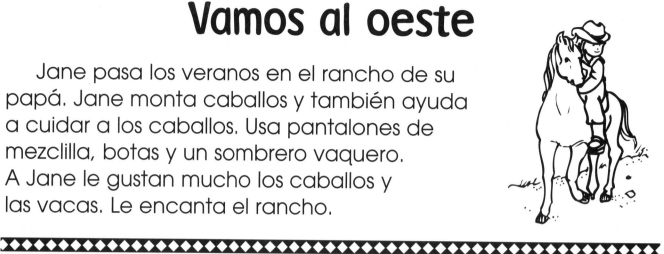

Instrucciones: Encierra en un círculo la respuesta correcta.

1. Este cuento trata principalmente de

   A. Los veranos de Jane en un rancho.

   B. Las clases de montar de Jane.

   C. El año escolar de Jane.

   D. Los pantalones y las botas de Jane.

2. Otro buen título para este cuento es

   A. "Los caballos de Jane"

   B. "Los caballos y las vacas"

   C. "En el rancho"

   D. "El verano"

3. Selecciona las palabras que hablan de la idea principal.

   A. pantalones y botas

   B. vacas y caballos

   C. Jane y su papá

   D. rancho y verano

4. Encierra en un círculo el sombrero que Jane usaría en el rancho.

24   0-7682-3421-2 *Bilingual Reading Comprehension*

Nombre _____ Fecha _____

¿Quién vive en tu casa?

Hola, mi nombre es Juana. Hay muchos seres vivientes en nuestra casa. Algunos seres vivientes son personas. Algunos de los seres vivientes son animales. Hay cuatro personas en mi familia. Tengo una mamá, un papá y una hermana llamada Jamie. Hay tres mascotas en nuestra familia. Tenemos dos gatos y un perro. Hay siete seres vivientes en nuestra casa.

1. ¿Cuántas personas viven en la casa de Juana?

_____

- -

_____

2. ¿Cuántos animales viven en la casa de Juana?

_____

- -

_____

3. Encierra en un círculo lo que es verdadero.

más animales   **más personas**

_____   _____

- - - - - - - - - - - - - -

4. Hay _____ seres vivientes en total.

Name _____   Date _____

Who Lives at Your House?

Hi, my name is Juana. We have a lot of living things at our house. Some of the living things are people. Some of the living things are animals. There are four people in my family. I have a mom, a dad, and a sister named Jamie. We have three pets in our family. We have two cats and one dog. We have seven living things at our house.

1. How many people live at Juana's house?

_____

- -

_____

2. How many animals live at Juana's house?

_____

- -

_____

3. Circle the right one.

more animals   **more people**

_____

- - - - - - - - - - - - - - - - -

4. There are _____ living things in all.

97   0-7682-3421-2 Bilingual Reading Comprehension

Name _____ Date _____

At the Mall

Lisa and her family are going to the mall. Dad wants to buy a new fan. Mom wants a vase for her flowers. John saved his money to buy a new toy truck. Lisa wants a red scarf. After they go shopping, the family will go out to dinner.

Directions: Write in the web. Write the name of each person below what he or she wants to buy.

Nombre _____ Fecha _____

En el centro comercial

Lisa y su familia van a ir al centro comercial. El papá quiere comprar un abanico nuevo. La mamá quiere un florero. John ahorró dinero para comprar un camión de juguete. Lisa quiere una bufanda roja. Después de ir de compras, la familia irá a un restaurante.

Instrucciones: Escribe en la red. Escribe el nombre de cada persona debajo de lo que quiere comprar.

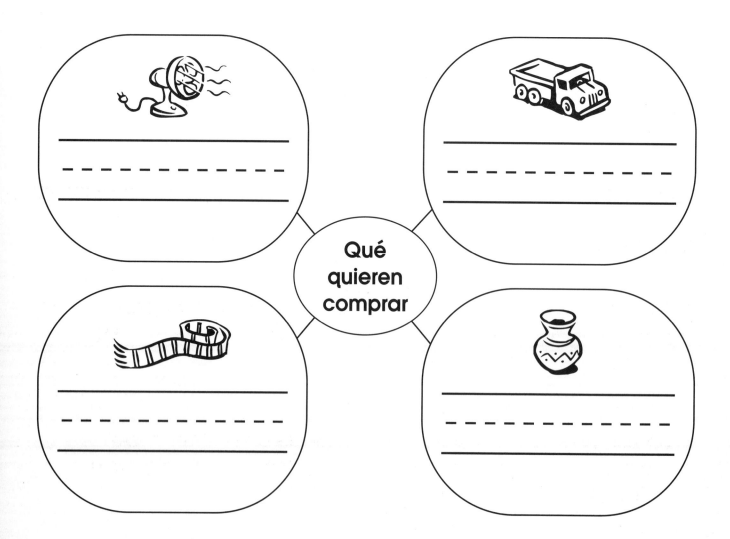

Qué quieren comprar

Seals

Seals swim in the ocean. They come to land to rest. Seals have shiny fur. They have big, dark eyes. Seals can see well under the water. Their favorite food is fish. Seals do not chew their food. They can eat a whole fish in one big gulp!

Directions: Circle **Yes** or **No**.

1. This story is about seals and how they live.
   Yes   **No**

2. Seals like to eat grass.
   Yes   **No**

3. Seals can see well under the water.
   Yes   **No**

4. Seals chew their food.
   Yes   **No**

0-7682-3421-2 *Bilingual Reading Comprehension*

Las focas

Las focas nadan en el océano. Van a tierra a descansar. Las focas tienen la piel brillante. Tienen ojos grandes y oscuros. Las focas pueden ven bien bajo el agua. Su comida favorita es el pescado. Las focas no mastican su comida. ¡Pueden comer un pez entero en un solo bocado!

Instrucciones: Encierra en un círculo **Sí** o **No**.

1. Este cuento trata de las focas y cómo viven.
       Sí   **No**

2. A las focas les gusta comer pasto.
       Sí   **No**

3. Las focas pueden ver bien bajo el agua.
       Sí   **No**

4. Las focas mastican su comida.
       Sí   **No**

Name _____ Date _____

Shopping

Here are the stores on Main Street.

Directions: Read each list. Where should each person shop?
Write the store number.

1. John needs eggs and milk.
   Where should John shop?

   Store Number _____

2. Susie needs dog food.
   Where should Susie shop?

   Store Number _____

3. José needs gum drops.
   Where should José shop?

   Store Number _____

4. Mike needs pizza.
   Where should Mike shop?

   Store Number _____

5. Rosa needs a hammer.
   Where should Rosa shop?

   Store Number _____

6. Anna feels sick.
   Where should Anna shop?

   Store Number _____

De compras

Éstas son las tiendas en la calle Main.

Instrucciones: Lee cada lista de compras. ¿A dónde debe ir cada persona? Escribe el número de la tienda.

1. John necesita huevos y leche.
   ¿A dónde debe ir John de compras?

   Número de la tienda _____

2. Susie necesita comida para perro.
   ¿A dónde debe ir Susie de compras?

   Número de la tienda _____

3. José necesita chicle.
   ¿A dónde debe ir José de compras?

   Número de la tienda _____

4. Mike necesita pizza.
   ¿A dónde debe ir Mike de compras?

   Número de la tienda _____

5. Rosa necesita un martillo.
   ¿A dónde debe ir Rosa de compras?

   Número de la tienda _____

6. Anna está enferma.
   ¿A dónde debe ir Anna de compras?

   Número de la tienda _____

Name _____ Date _____

Bike Safety

There are rules to follow when you ride your bike. These rules keep bike riders safe. Riding a bike should be fun. But it is also important to know the rules.

Directions: Match each safety rule with a picture. Draw a line.

1. Always ride in single file.

A.

2. When you cross a street, walk your bike.

B.

3. A bike with one seat should never have two riders.

C.

4. Do what traffic lights and signs tell you to do.

D.

Seguridad en bicicleta

Hay reglas que se deben seguir cuando andas en bicicleta. Estas reglas mantienen seguros a los ciclistas. Andar en bicicleta debe ser divertido, pero también es importante conocer las reglas.

Instrucciones: Relaciona cada regla de seguridad con un dibujo. Traza una línea.

1. Sigue siempre una fila.

A.

2. Cuando cruces una calle, camina con la bicicleta por un lado.

B.

3. Nunca se deben montar dos personas en una bicicleta de un asiento.

C.

4. Obedece los semáforos y las señales de tráfico.

D.

Too Hot! Too Cold!

Sometimes we feel too hot or too cold. When it is cold, we need to wear coats and boots. When it is hot, we can go swimming or drink lemonade. There are many things we can do to feel better when we are too hot or too cold.

Directions: Circle the words **too hot** or **too cold** to finish each sentence.

1. I put on a if I feel

   too hot.   too cold.

2. I turn on a if I feel

   too hot.   too cold.

3. I sit under a when I feel

   too hot.   too cold.

4. I put on my when I feel

   too hot.   too cold.

5. I drink cold when I feel

   too hot.   too cold.

6. I wear a  when I feel

   too hot.   too cold.

Nombre _____ Fecha _____

¡Mucho calor! ¡Mucho frío!

Algunas veces tenemos calor o frío. Cuando hace frío, necesitamos usar abrigos y botas. Cuando hace calor, podemos ir a nadar o beber limonada. Hay muchas cosas que podemos hacer para sentirnos mejor cuando hace mucho calor o mucho frío.

Instrucciones: Encierra en un círculo **mucho calor** o **mucho frío** para completar cada enunciado.

1. Me pongo un si tengo

    mucho calor.   mucho frío.

2. Enciendo un si tengo

    mucho calor.   mucho frío.

3. Me siento bajo un cuando tengo

    mucho calor.   mucho frío.

4. Me pongo los cuando tengo

    mucho calor.   mucho frío.

5. Bebo fría cuando tengo

    mucho calor.   mucho frío.

6. Uso una cuando tengo

    mucho calor.   mucho frío.

Name _____ Date _____

Map Facts

Amy, Pam, Miguel, and Clay all live in the same neighborhood. Look at the map and find their houses.

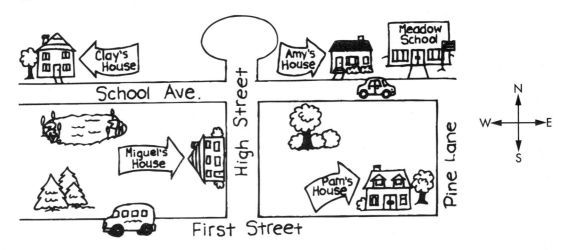

Directions: Answer the questions about the map.

1. Which girl lives closer to the school?

   A. Amy

   B. Pam

2. Whose house does not sit on a street that goes left to right?

   A. Miguel

   B. Pam

3. Whose house has the most windows?

   A. Amy

   B. Miguel

4. Who lives farther north?

   A. Clay

   B. Miguel

5. Who lives farther south?

   A. Amy

   B. Pam

0-7682-3421-2 *Bilingual Reading Comprehension*

Partes del mapa

Amy, Pam, Miguel y Clay viven en el mismo barrio.
Observa el mapa y encuentra sus casas.

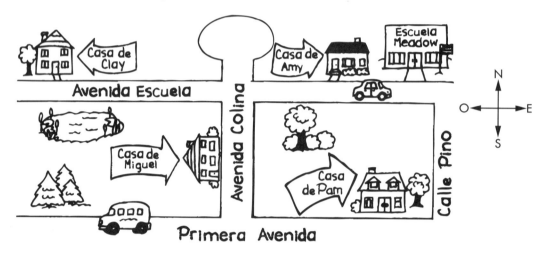

Instrucciones: Responde las preguntas sobre el mapa.

1. ¿Qué niña vive más cerca
   de la escuela?
   A. Amy
   B. Pam

2. ¿De quién es la casa que no
   está en una calle que va de
   izquierda a derecha?
   A. Miguel
   B. Pam

3. ¿De quién es la casa que
   tiene más ventanas?
   A. Amy
   B. Miguel

4. ¿Quién vive más al norte?
   A. Clay
   B. Miguel

5. ¿Quién vive más al sur?
   A. Amy
   B. Pam

Traffic Signs

Traffic signs keep you safe. Some signs tell you to stop.
Some signs tell you to go. When you do what the signs
say, you stay safe. You help keep other people safe, too.

Directions: Show what each sign tells you to do. Write **Stop** or **Go**
next to each picture.

1.    _____

2.   _____

3.    _____

4.    _____

Nombre _____ Fecha _____

Señales de tráfico

Las señales de tráfico sirven para protegerte. Algunas señales indican que debes parar. Otras indican que debes seguir adelante. Cuando obedeces las señales, te mantienes seguro. Además, ayudas a que las demás personas también estén seguras.

Instrucciones: Indica cuál señal te indica qué hacer. Escribe **Alto** o **Sigue** enseguida de cada dibujo.

1.

_____
- - - - - - - - - - - - - - - - - - - -
_____

2.

3.

_____
- - - - - - - - - - - - - - - - - - - -
_____

4.

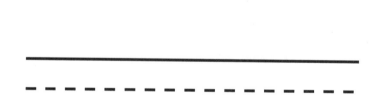

Trees

There are many kinds of trees. Some trees grow fruit. Other trees grow nuts. Some trees have flowers on them. All trees need sun and rain to grow.

Directions: Match words to pictures. Draw lines.

1. All trees need this to grow.

A.

2. Some trees grow fruit.

B.

3. Some trees have flowers.

C.

4. Some trees grow nuts.

D.

 0-7682-3421-2 Bilingual Reading Comprehension

Los árboles

Hay muchos tipos de árboles. Algunos dan frutas.
Otros dan nueces. Algunos árboles tienen flores. Todos
los árboles necesitan del sol y la lluvia para crecer.

Instrucciones: Relaciona las palabras con los dibujos. Traza líneas.

1. Todos los árboles necesitan esto para crecer.

A.

2. Algunos árboles dan frutas.

B.

3. Algunos árboles tienen flores.

C.

4. Algunos árboles dan nueces.

D.

Name _____ Date _____

Special Clothes

Many people wear special clothes for their jobs. These are called uniforms. Uniforms help other people know a person's job right away. Doctors, nurses, fire fighters, and other helpers wear uniforms.

Directions: Draw a line to show which person can help you.

1. This person will help you if your house is on fire.

A.

2. This person will help you if you need a shot.

B.

3. This person will help you if your pet is sick.

C.

4. This person will help you if someone stole your bike.

D.

5. This person will help you mail a letter.

E.

0-7682-3421-2 Bilingual Reading Comprehension

Ropa especial

Muchas personas usan ropa especial para sus trabajos. Este tipo de ropa se llama uniforme. Los uniformes ayudan a que la gente conozca inmediatamente el trabajo de una persona. Los doctores, enfermeros, bomberos y otros servidores públicos usan uniformes.

Instrucciones: Traza una línea para indicar qué persona te puede ayudar.

1. Esta persona te ayuda si hay un incendio en tu casa.

A.

2. Esta persona te ayuda si necesitas una inyección.

B.

3. Esta persona te ayuda si tu mascota está enferma.

C.

4. Esta persona te ayuda si alguien roba tu bicicleta.

D.

5. Esta persona te ayuda a enviar una carta.

E.

Name _____ Date _____

What's the Weather?

Every day Mr. Brown's class reads a weather report from their pen pals on the Internet. This is today's report.

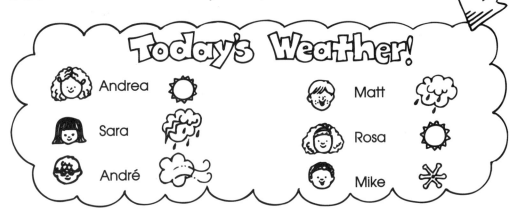

Directions: Look at the report to help you circle the right answers.

1. Who has sunny weather today?

   A. Andrea and Matt

   B. Sara and Rosa

   C. Andrea and Rosa

   D. André and Mike

2. Who has snow today?

   A. Mike

   B. Matt

   C. Rosa

   D. Sara

3. Who has rain today?

   A. Andrea and Sara

   B. Mike and Sara

   C. Matt and Sara

   D. André and Sara

4. Who could fly a kite today?

   A. André

   B. Matt

   C. Mike

   D. Sara

¿Cómo está el clima?

Todos los días, los alumnos del Sr. Brown leen un informe del tiempo de sus amigos por correspondencia en el Internet. Éste es el informe de hoy.

Instrucciones: Observa el informe y encierra en un círculo las respuestas correctas.

1. ¿Quién tiene clima soleado el día de hoy?
   A. Andrea y Matt
   B. Sara y Rosa
   C. Andrea y Rosa

2. ¿Quién tiene nieve el día de hoy?
   A. Mike
   B. Matt
   C. Rosa
   D. Sara

3. ¿Quién tiene lluvia el día de hoy?
   A. Andrea y Sara
   B. Mike y Sara
   C. Matt y Sara
   D. André y Sara

4. ¿Quién podría volar un papalote el día de hoy?
   A. André
   B. Matt
   C. Mike
   D. Sara

New Gardens

Marta and Tim plant gardens. They buy seeds.

Here are Marta's seeds.

Here are Tim's seeds.

Directions: Circle the right answer.

1. Aunt Susie wants to plant beans. Where will she plant them?

   A. Marta's garden

   B. Tim's garden

2. Where will Marta put what she grows?

   A. in a tire

   B. in a vase

   C. in soup

3. What will Tim be able to make from his garden?

   A. bread

   B. a book

   C. a salad

4. Circle the garden tools.

   A.

   B.

   C.

   D.

0-7682-3421-2 *Bilingual Reading Comprehension*

Nuevos jardines

Martha y Tim siembran en un jardín. Compran semillas.

Éstas son las semillas de Martha.

Éstas son las semillas de Tim.

Instrucciones: Encierra en un círculo la respuesta correcta.

1. La tía Susie quiere sembrar frijoles. ¿Dónde los plantaría?

   A. en el jardín de Martha

   B. en el jardín de Tim

2. ¿Dónde pondría Martha lo que recoja de su jardín?

   A. en una llanta

   B. en un florero

   C. en la sopa

3. ¿Qué podrá hacer Tim de lo que recoja de su jardín?

   A. pan

   B. un libro

   C. una ensalada

4. Encierra en un círculo las herramientas del jardín.

   A.

   B.

   C.

   D.

Name _____ Date _____

The Post Office

The post office is the place that takes care of the mail. You can go there to mail your letters and packages. You pay to have your mail sent to other people. They pay to send mail to you. Some mail is sent far away. Mail is sent in many different ways. It can be sent on planes or trucks.

Directions: Circle the right answer.

1. Which thing can you buy at the post office?

   A.

   B.

   C.

2. What is one way that mail is sent?

   A.

   B.

   C.

3. Which is something that you can mail?

   A.

   B.

   C.

4. What do you give the post office to send your mail?

   A.

   B.

   C.

Published by Frank Schaffer Publications. Copyright Protected. 0-7682-3421-2 Bilingual Reading Comprehension

La oficina postal

La oficina postal es el lugar que se encarga del correo. Puedes ir ahí a enviar tus cartas y paquetes. Pagas para que el correo se envíe a otras personas. Las otras personas pagan para enviarte correspondencia. Algunas cartas se envían muy lejos. El correo se envía de muchas formas diferentes. Se puede enviar en aviones o en camiones.

Instrucciones: Encierra en un círculo la respuesta correcta.

1. ¿Qué puedes comprar en la oficina postal?

   A.

   B.

   C.

2. ¿Cuál es una forma en que se envía el correo?

   A.

   B.

   C.

3. ¿Qué cosa puedes enviar por correo?

   A.

   B.

   C.

4. ¿Qué das en la oficina postal para que se envíe tu correspondencia?

   A.

   B.

   C.

Name _____ Date _____

Thank-you Letters

Mike had a birthday last week. He is writing letters
to thank people for his gifts.

Directions: Read each one of Mike's letters.
Then circle the gift he got.

1. Dear Grandma,

   Thank you for your gift.
   Now my hands will be nice
   and warm!

   Love, Mike

   A.

   B.

   C.

2. Dear Aunt Lee,

   Thanks for the birthday
   present. Now I can pretend
   I'm a cowboy!

   Love, Mike

   A.

   B.

   C.

3. Dear Alan,

   We need to use your gift
   to play a game soon!
   Thank you.

   Your friend,
   Mike

   A.

   B.

   C.

0-7682-3421-2 *Bilingual Reading Comprehension*

Cartas de agradecimiento

Mike tuvo una fiesta de cumpleaños la semana pasada. Está escribiendo cartas para agradecer a la gente por sus regalos.

Instrucciones: Lee cada una de las cartas de Mike. Luego encierra en un círculo el regalo que recibió.

1. Querida Abuela,

   Gracias por tu regalo. ¡Ahora mis manos estarán cómodas y tibias!

   Con cariño, Mike

   A.

   B.

   C.

2. Querida tía Lee,

   Gracias por tu regalo de cumpleaños. ¡Ahora puedo jugar a los vaqueros!

   Con cariño, Mike

   A.

   B.

   C.

3. Querido Alan,

   ¡Necesito usar tu regalo para un juego muy pronto! Gracias.

   Tu amigo,
   Mike.

   A.

   B.

   C.

Published by Frank Schaffer Publications. Copyright Protected.   0-7682-3421-2 *Bilingual Reading Comprehension*

Riddle Time

When you read a riddle, you are playing a game. The riddle gives you clues. You can guess what the riddle is about.

Directions: Read each food riddle. Then match it to the right picture.

1. I am orange and round.
   You can give me a grin.

A.

2. I am sweet, but don't slip on
   my peel!

B.

3. I am red and crunchy.
   Give me to your teacher.

C.

4. Dig me up from the ground.
   You can make fries from me.

D.

0-7682-3421-2 Bilingual Reading Comprehension

Hora de acertijos

Cuando lees un acertijo estás jugando un juego.
El acertijo te da pistas y puedes adivinar qué
cosa es.

Instrucciones: Lee cada acertijo de comida. Luego relaciónalo
con el dibujo correcto.

1. Soy anaranjada y
redonda. Me puedes hacer
una sonrisa.

A.

2. ¡Soy dulce pero no te
resbales con mi cáscara!

B.

3. Soy roja y crujiente.
Regálame a tu maestra.

C.

4. Desentiérrame. ¡Puedes
hacer papas fritas conmigo!

D.

Name _____ Date _____

Names

My name is Mary Ann Brown. Everyone has a name. My brother's first name is Jesse. His middle name is William. His last name is Brown. Our pets have names, too. My cat is named Fluffy. My fish is named Goldie. Even towns have names! The name of our town is Smithville. We used to live in Portland.

Directions: Write in the chart. Use the Name Bank.

Name Bank					
Portland	Fluffy	Jesse	Smithville	Goldie	Mary

People Names	Pet Names	Town Names

0-7682-3421-2 *Bilingual Reading Comprehension*

Nombres

Toda la gente tiene un nombre. El primer nombre de mi hermano es Jesse. Su segundo nombre es William. Su apellido es Brown. Nuestras mascotas también tienen nombres. Mi gato se llama Fluffy. Mi pez se llama Goldie. ¡Hasta las ciudades tienen nombre! El nombre de nuestra ciudad es Smithville. Antes vivíamos en Pórtland.

Mi nombre es Mary Ann Brown.

Instrucciones: Escribe en la tabla. Usa el banco de nombres.

Banco de nombres					
Pórtland	Fluffy	Jesse	Smithville	Goldie	Mary

Nombres de personas	Nombres de mascotas	Nombres de ciudades

Name _____ Date _____

Helping at Home

Carla has jobs to do at home. Mom calls them chores. Carla likes to help Mom. She helps make the bed. She puts her dishes in the sink. She puts away her toys. Carla likes to help Mom. Then Mom can spend more time with Carla.

1. What does **chore** mean?

_____

- -

_____

- -

_____

Directions: Circle one.

2. What is the main idea?

    A. Carla is six years old.

    B. Carla makes her bed.

    C. Carla has chores to do at home.

3. Carla likes to help Mom because

 0-7682-3421-2 Bilingual Reading Comprehension

Nombre _____ Fecha _____

Ayuda en casa

Carla tiene trabajos qué hacer en casa. Mamá les llama tareas. A Carla le gusta ayudar a mamá. Le ayuda a tender la cama. Pone los platos en el fregadero. Guarda sus juguetes. A Carla le gusta ayudar a mamá. Luego mamá puede pasar más tiempo con Carla.

1. ¿Qué significa **tarea**?

_____

- -

_____

_____

- -

_____

Instrucciones: Encierra en la respuesta correcta.

2. ¿Cuál es la idea principal?

    A. Carla tiene seis años.

    B. Carla tiende su cama.

    C. Carla hace tareas en casa.

3. Encierra en un círculo un dibujo. A Carla le gusta ayudar a mamá porque...

Farmers Are Important

Have you ever met a farmer? Farmers are a part of your life every day. We get our food from farms. Fresh fruits and vegetables come from farmers. Without farmers, where would we get our food?

_____

- - - - - - - - - - - - - - - -

1. We get our _____ from farmers.

Directions: Circle what we get from farmers.

Los granjeros son importantes

¿Alguna vez has conocido a un granjero?
Los granjeros son una parte de tu vida diaria.
Obtenemos nuestros alimentos de las granjas.
Las frutas y verduras naturales provienen
de los granjeros. Sin los granjeros, ¿dónde
obtendríamos nuestros alimentos?

1. Obtenemos nuestros _____ de los granjeros.

Instrucciones: Encierra en un círculo las cosas que obtenemos
de los granjeros.

58   0-7682-3421-2 *Bilingual Reading Comprehension*

Name _____ Date _____

Colors

There are many colors. Red, blue, and yellow are colors. By mixing two or more colors you can make new ones. You can mix red and blue to make purple. You can mix red and yellow to make orange. You can mix blue and yellow to make green.

Directions:

1. Use crayons to color one pond red, one blue, and one yellow.

2. Color the bridge between the red and yellow ponds orange.

3. Color the bridge between the blue and red ponds purple.

4. Color the bridge between the blue and yellow ponds green.

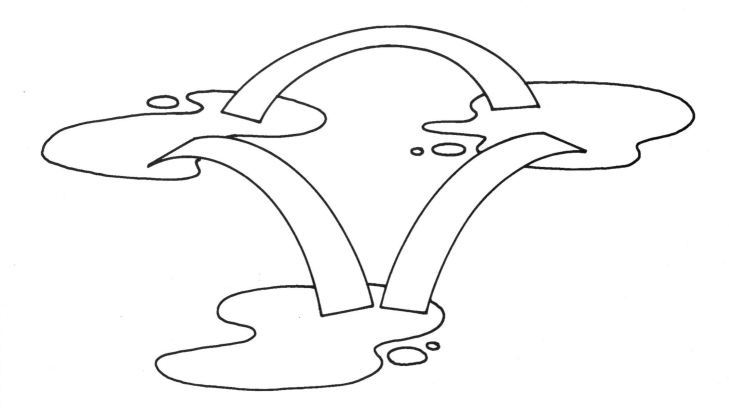

0-7682-3421-2 *Bilingual Reading Comprehension*

Los colores

Hay muchos colores. El rojo, azul y amarillo son colores.
Al mezclar dos colores o más puedes obtener colores
nuevos. Puedes mezclar el rojo con el azul para hacer
el morado. Puedes mezclar el rojo con el amarillo para
hacer el anaranjado. Puedes mezclar el azul y el amarillo
para hacer el verde.

Instrucciones:

1. Usa crayones para colorear un lago rojo, uno azul y uno amarillo.

2. Colorea de anaranjado el puente entre los lagos rojo y amarillo.

3. Colorea de morado el puente entre los lagos azul y rojo.

4. Colores de verde el puente entre los lagos azul y amarillo.

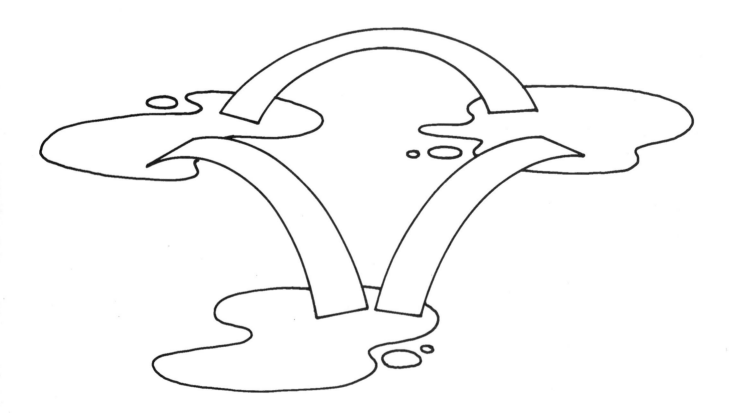

A Day on the Farm

Directions: Look at the picture. Let it tell you a story. Answer the questions.

1. What do you think the boy is saying?

   A. "May I ride the horse?"

   B. "May I climb the tree?"

   C. "May I feed the pig some corn, too?"

2. What kind of weather is the farm having today?

   A. sunny

   B. cloudy

   C. rainy

3. How many animals do you see on the farm?

   A. 2

   B. 4

   C. 6

Un día en la granja

Instrucciones: Observa el dibujo. Permite que te diga un cuento. Contesta las preguntas.

1. ¿Qué piensas que está diciendo el niño?

   A. "¿Puedo montar el caballo?"

   B. "¿Puedo subirme al árbol?"

   C. "¿Puedo también dar un poco de maíz al cerdo?"

2. ¿Cómo es el clima en la granja el día de hoy?

   A. soleado

   B. nublado

   C. lluvioso

3. ¿Cuántos animales puedes ver en la granja?

   A. 2

   B. 4

   C. 6

Name _____ Date _____

Eli Elephant

Eli Elephant loves to garden. He waters the plants with his trunk. He eats the vegetables as soon as they are ripe. Eli is gray. He has a long trunk. He wears a hat to keep safe from the hot sun. He loves to wear old, soft overalls.

Directions: Circle **Yes** or **No** to answer each question.

1. Eli loves to garden.

   Yes   **No**

2. Eli likes new overalls.

   Yes   **No**

3. Eli wears a hat to keep safe from the sun.

   Yes   **No**

4. Eli sells his vegetables at the market.

   Yes   **No**

5. Eli waters his plants with a garden hose.

   Yes   **No**

▪◆▪

El elefante Eli

Al Elefante Eli le gusta el jardín. Riega las plantas con su trompa. Come las verduras tan pronto como maduran. Eli es gris. Tiene una trompa larga. Usa un sombrero para protegerse del sol. Le gusta usar overoles suaves y viejos.

▪◆▪

Instrucciones: Encierra en un círculo **Sí** o **No** para contestar cada pregunta.

1. A Eli le gusta el jardín.

   Sí   **No**

2. A Eli le gustan los overoles nuevos.

   Sí   **No**

3. Eli usa un sombrero para protegerse del sol.

   Sí   **No**

4. Eli vende sus verduras en el mercado.

   Sí   **No**

5. Eli riega las plantas con una manguera.

   Sí   **No**

Name _____ Date _____

A Fall Day

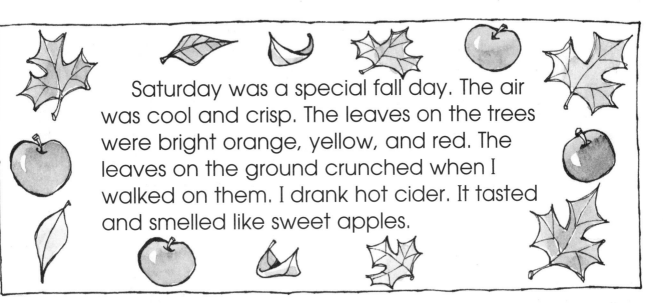

Saturday was a special fall day. The air was cool and crisp. The leaves on the trees were bright orange, yellow, and red. The leaves on the ground crunched when I walked on them. I drank hot cider. It tasted and smelled like sweet apples.

Directions: Fill in the story web. Use your senses.

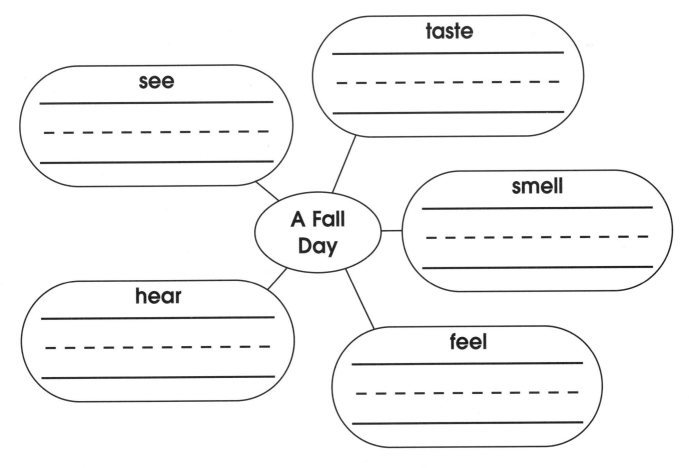

Nombre _____   Fecha _____

Un día de otoño

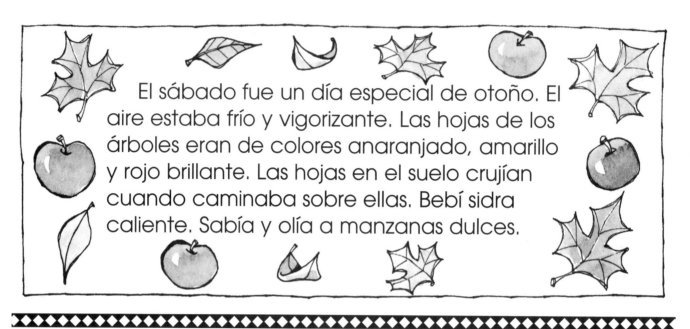

El sábado fue un día especial de otoño. El aire estaba frío y vigorizante. Las hojas de los árboles eran de colores anaranjado, amarillo y rojo brillante. Las hojas en el suelo crujían cuando caminaba sobre ellas. Bebí sidra caliente. Sabía y olía a manzanas dulces.

Instrucciones: Completa la red del cuento. Usa tus sentidos.

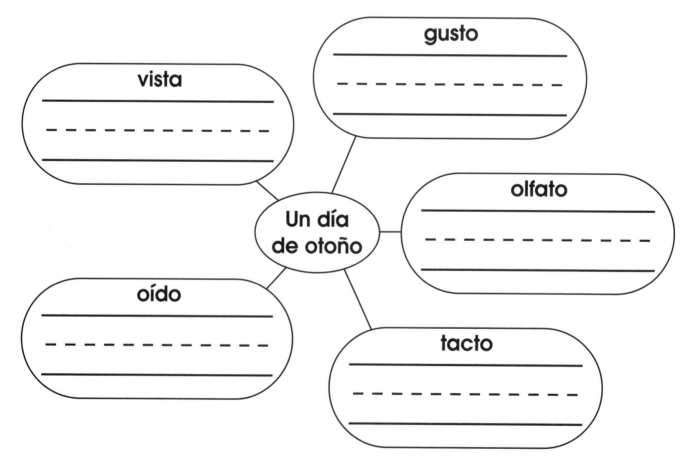

How Children Earn Money

There are many ways you can earn money. Some children like to sell lemonade. Other children like to help with yard work. Children can also wash cars, sell cookies, or walk dogs. Many children think it is fun to earn money.

1. Name three ways the story says children can earn money.

A. _____

B. _____

C. _____

2. I would earn money by _____

_____

3. I would use the money to _____

_____

Nombre _____ Fecha _____

Cómo ganan dinero los niños

Hay muchas formas en las que puedes ganar dinero. A algunos niños les gusta vender limonada. A otros les gusta ayudar en el jardín. Los niños también pueden lavar carros, vender galletas o llevar a caminar a los perros. Muchos niños piensan que es divertido ganar dinero.

1. Escribe tres formas de la historia en las que los niños pueden ganar dinero.

A. _____

_____

B. _____

_____

C. _____

2. Yo podría ganar dinero haciendo _____

_____

_____

3. Yo usaría el dinero para _____

_____

My Magic Tongue

Your tongue has special powers. The tip of your tongue tastes sweet and salty things. The sides of your tongue taste sour things. Your taste buds send messages to your brain. They let you know what food tastes like. Do you agree that your tongue is very smart?

1. The tip of your tongue tastes

   A. sweet and salty things.

   B. sour things.

2. The sides of your tongue taste

   A. salty things.

   B. sweet things.

   C. sour things.

3. Draw a line. Match the part of the tongue to the taste.

0-7682-3421-2 *Bilingual Reading Comprehension*

Nombre _____ Fecha _____

Mi lengua mágica

Tu lengua tiene poderes especiales. La punta de la lengua percibe las cosas dulces y saladas. Los lados de la lengua perciben las cosas agrias. Las papilas del gusto envían mensajes al cerebro. Le informan a qué sabe la comida. ¿Estás de acuerdo en que la lengua es muy lista?

1. La punta de la lengua percibe

   A. las cosas dulces y saladas.

   B. las cosas agrias.

2. Los lados de la lengua perciben

   A. las cosas saladas.

   B. las cosas dulces.

   C. las cosas agrias.

3. Traza una línea. Relaciona la parte de la lengua con el sabor que percibe.

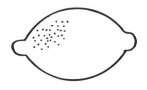

Name _____ Date _____

Seeing with Their Ears

Some animals see with their ears. They make squeaks with their mouths. Then they listen for an echo. A bat will listen to the sounds that bounce off insects. Then it will find the insect and eat it. Dolphins use echoes to find fish. Bats and dolphins use their ears to find food.

Directions: Circle **true** or **false**.

1. Bats use noises to find insects.

   true   false

2. Dolphins use noises to find fish.

   true   false

3. All animals use squeaks to find their food.

   true   false

4. Some animals use their ears to find food.

   true   false

Ver con los oídos

Algunos animales ven con los oídos. Producen sonidos con el hocico. Escuchan el eco. Un murciélago escucha los sonidos que rebotan de los insectos. Luego encuentra al insecto y se lo come. Los delfines usan los ecos para encontrar peces. Los murciélagos y los delfines usan sus oídos para encontrar comida.

Instrucciones: Encierra en un círculo **verdadero** o **falso**.

1. Los murciélagos usan sonidos para encontrar insectos.
    verdadero   **falso**

2. Los delfines usan sonidos para encontrar peces.
    verdadero   **falso**

3. Todos los animales usan sonidos para encontrar su comida.
    verdadero   **falso**

4. Algunos animales usan sus oídos para encontrar comida.
    verdadero   **falso**

Name _____   Date _____

My Body

My body is amazing. My organs make my body work. They help me eat, breathe, and think. My bones give me a special shape. My muscles help me jump, skip, and run. My skin keeps me all together. All my parts make my body a special thing.

Directions: Fill in the blanks. Use the Word Bank.

1. makes my body _____.

2. give me _____.

3. help me _____.

Word Bank
move
work
skin
shape

4. _____ keeps me together.

5. What is one special thing about your body?

_____

_____

_____

Published by Frank Schaffer Publications. Copyright Protected.   0-7682-3421-2 Bilingual Reading Comprehension

Mi cuerpo

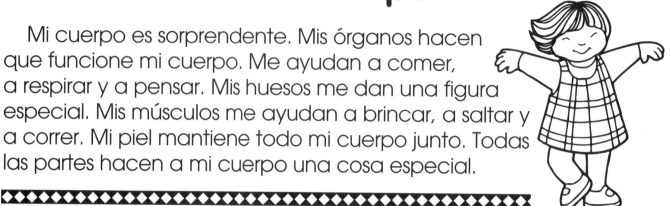

Mi cuerpo es sorprendente. Mis órganos hacen que funcione mi cuerpo. Me ayudan a comer, a respirar y a pensar. Mis huesos me dan una figura especial. Mis músculos me ayudan a brincar, a saltar y a correr. Mi piel mantiene todo mi cuerpo junto. Todas las partes hacen a mi cuerpo una cosa especial.

Instrucciones: Llena los espacios en blanco. Usa el banco de palabras.

1. 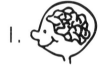 hace a mi cuerpo _____.

2.  me dan una _____.

3.  me ayudan a _____.

Banco de palabras
mover
trabajar
piel
figura

4. _____ mantiene todo mi cuerpo junto.

5. ¿Qué cosa de tu cuerpo es especial?

_____

_____

_____

We Eat Seeds

Did you know that you eat seeds? When you eat beans you are eating seeds. Seeds can be eaten. They can be dried out and planted. Peas, peanuts, and sunflower seeds are also seeds that we eat. Eating seeds is good for our bodies.

1. What can we do with seeds?

   A.   We can eat them.

   B.   We can plant them.

   C.   We can eat them and plant them.

2. List three kinds of seeds that we eat.

   A. _____

   B. _____

   C. _____

3. Seeds are _____ for our bodies.

Nombre _____ Fecha _____

Comemos semillas

¿Sabías que comes semillas? Cuando comes frijoles estás comiendo semillas. Las semillas se pueden comer. Se pueden secar y sembrar. Los chícharos, cacahuates y las semillas de girasol también son semillas que comemos. Comer semillas es bueno para nuestro cuerpo.

1. ¿Qué podemos hacer con las semillas?

    A. Las podemos comer.

    B. Las podemos sembrar.

    C. Las podemos comer y sembrar.

2. Escribe tres tipos de semillas que podemos comer.

    A. _____

    B. _____

    C. _____

3. Las semillas son _____ para nuestro cuerpo.

We Eat Roots

Many people enjoy eating roots. Do you like carrots? Carrots grow underground. They are roots. The green part of the carrot grows above the ground. We do not eat that part. Potatoes and beets also grow underground. They are roots, too. Roots are healthy for us. Do you like to eat these vegetables? Then you like to eat roots!

1. Do you like to eat roots?

   Yes   **No**

2. List three kinds of roots that we can eat.

   A. _____

   B. _____

   C. _____

3. Where do roots grow?

   _____

Comemos raíces

Mucha gente disfruta comer raíces. ¿Te gustan las zanahorias? Las zanahorias crecen bajo tierra. Son raíces. La parte verde de la zanahoria crece sobre la tierra. No comemos esa parte. Las papas y los betabeles también crecen bajo tierra. También son raíces. Las raíces son saludables para nosotros. ¿Te gusta comer estas verduras? ¡Entonces sí te gustan las raíces!

1. ¿Te gusta comer raíces?
   Sí   **No**

2. Escribe tres tipos de raíces que podemos comer.

   A. _____

   B. _____

   C. _____

3. ¿Dónde crecen las raíces?

   _____

   _____

We Eat Leaves

Giraffes like to eat leaves. Who else likes to eat leaves? Do you like to eat salad? Do you like to eat spinach? Lettuce and spinach are leaves. Eating leaves is a healthy habit. Try some today.

1. How are people like giraffes?

   A. We both have long necks.

   B. We both like to eat leaves.

   C. People and giraffes are not alike.

2. List two kinds of leaves that people like to eat.

   A. _____

   B. _____

3. What is the main idea of this story?

   A. Giraffes like to eat leaves.

   B. Eating leaves is healthy.

   C. Lettuce is good on sandwiches.

Comemos hojas

A las jirafas les gusta comer hojas.
¿A quién más le gusta comer hojas?
¿Te gusta comer ensalada? ¿Te gusta comer
espinacas? La lechuga y las espinacas son
hojas. Comer hojas es un hábito
saludable. Prueba algunas hoy.

1. ¿Qué similitud tiene la gente
   con las jirafas?

   A. Tenemos el cuello largo.

   B. Nos gusta comer hojas.

   C. La gente y las jirafas no tienen ninguna similitud.

2. Escribe dos tipos de hojas que a la gente le gusta comer.

   A. _____

   B. _____

3. ¿Cuál es la idea principal de la historia?

   A. A las jirafas les gusta comer hojas.

   B. Comer hojas es saludable.

   C. La lechuga es buena en los sándwiches.

Pets

The students in Mrs. Black's class talked about their pets.

Micaela said, "My pet is Polly. She has green feathers. Her beak is sharp."

Rob said, "I keep my pet, Goldie, in a glass tank. She has a tail like a fan."

Helen said, "My pet, Slide, is long and thin. He slides along the ground."

Sun said, "My pet loves to wag his tail. His name is Sport."

Mrs. Black said, "Everyone has a great pet!"

Directions: Write the name of each student next to his or her pet.

1.   This pet belongs to
_____
_ _ _ _ _ _ _ _ _ _ .

2.   This pet belongs to
_____
_ _ _ _ _ _ _ _ _ _ .

3.   This pet belongs to
_____
_ _ _ _ _ _ _ _ _ _ .

4.   This pet belongs to
_____
_ _ _ _ _ _ _ _ _ _ .

5. Circle another title for this story.

   A. "Pet Care"

   B. "Great Pets"

   C. "Dogs Are Best"

   D. "I Love Birds"

Mascotas

Los alumnos de la clase de la Sra. Black platicaron sobre mascotas.

Micaela dijo, "Mi mascota es Polly. Tiene plumas verdes. Su pico es afilado".

Rob dijo, "Mi mascota Goldie, vive en una pecera. Tiene la cola en forma de abanico".

Helen dijo, "Mi mascota Slide es larga y delgada. Se desliza en la tierra".

Sun dijo, "A mi mascota le gusta mover la cola. Se llama Sport".

La Sra. Black dijo, "¡Todos tienen una magnífica mascota!"

Instrucciones: Escribe el nombre de cada estudiante enseguida de su mascota.

1. Esta mascota pertenece a

_ _ _ _ _ _ _ _ _ _ _ _ _ .

2. Esta mascota pertenece a

_ _ _ _ _ _ _ _ _ _ _ _ _ .

3. Esta mascota pertenece a

_ _ _ _ _ _ _ _ _ _ _ _ _ .

4. Esta mascota pertenece a

_ _ _ _ _ _ _ _ _ _ _ _ _ .

5. Encierra en un círculo otro título para esta historia.

A. "El cuidado de las mascotas"

B. "Magníficas macotas"

C. "Los perros son lo mejor"

D. "Me gustan los pájaros"

Months of the Year

There are 12 months in every year. March, April, and May are spring months. This is when flowers start to grow. June, July, and August are summer months. The weather is hot. It is fun to go to the beach. The fall months are September, October, and November. In some places, the leaves turn colors and the weather is cooler. December, January, and February are winter months.
It is cold in these months.

Directions: Write the months in the chart.

Spring Months			A̶p̶r̶i̶l̶
Summer Months			
Fall Months			
Winter Months			

Published by Frank Schaffer Publications. Copyright Protected.   0-7682-3421-2 Bilingual Reading Comprehension

Los meses del año

Hay 12 meses en cada año. Marzo, abril y mayo son meses de primavera. Es cuando las flores empiezan a crecer. Junio, julio y agosto son meses de verano. El clima es caliente. Es divertido ir a la playa. Los meses de otoño son septiembre, octubre y noviembre. En algunos lugares, las hojas de los árboles cambian de color y el clima es más fresco. Diciembre, enero y febrero son meses de invierno. Hace frío en estos meses.

Instrucciones: Escribe los meses en el cuadro.

Meses de primavera

_____ _____ _____ Abril

Meses de verano
_____ _____ _____ _____

Meses de otoño
_____ _____ _____

Meses de invierno
_____ _____ _____

0-7682-3421-2 Bilingual Reading Comprehension

My Sense of Touch

  I like to use my sense of touch. I feel my kitten's soft fur. I feel her scratchy tongue when she licks me. My kitten has sharp, pointy claws. Her paws are soft and puffy. My sense of touch helps me enjoy my kitten.

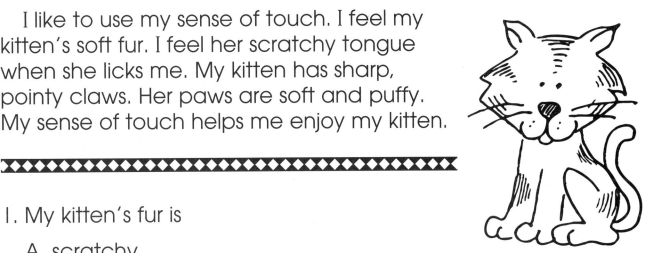

1. My kitten's fur is

 A. scratchy.

 B. white.

 C. soft.

2. My kitten's tongue is

 A. pink.

 B. scratchy.

 C. puffy.

3. My kitten's claws are

 A. soft and puffy.

 B. black.

 C. sharp and pointy.

4. The main idea is

 A. my sense of touch helps me enjoy my kitten.

 B. my kitten has soft fur.

 C. my kitten has sharp and pointy claws.

Mi sentido del tacto

Me gusta usar mi sentido del tacto. Siento la piel suave de mi gatito. Siento la lengua rasposa cuando me lame. Mi gatito tiene garras picudas. Sus patas son suaves y esponjosas. Mi sentido del tacto me ayuda a disfrutar a mi gatito.

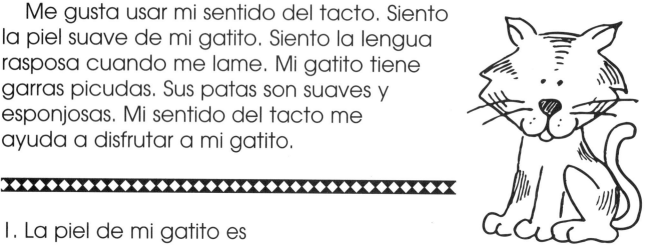

1. La piel de mi gatito es

   A. rasposa.

   B. blanca.

   C. suave.

2. La lengua de mi gatito es

   A. rosa.

   B. rasposa.

   C. esponjosa.

3. Las garras de mi gatito son

   A. suaves y esponjosas.

   B. negras.

   C. picudas y afiladas.

4. La idea principal es

   A. mi sentido del tacto me ayuda a disfrutar a mi gatito.

   B. mi gatito tiene piel suave.

   C. mi gatito tiene garras picudas y afiladas.

Chick and Duck

> Chick thought that Duck was mad at him. Duck was sitting all by himself. Chick asked Duck what was wrong. He gave Duck treats and toys. At last, Duck said, "I am not mad. I just want to be alone for a while. We are still best friends."

Directions: Circle the right answer.

1. Why did Chick think that Duck was mad?

   A. because Duck said he was mad

   B. because Duck was sitting by himself

   C. because Duck did not want the treats or toys

2. Why did Duck want to sit by himself?

   A. because he was mad

   B. because he did not like Chick

   C. because he wanted to be alone for a while

3. Which picture shows a real bird?

A.    B.    C.

Pollo y Pato

Pollo pensó que Pato estaba enojado con él. Pato estaba sentado solo. Pollo le preguntó a Pato qué le pasaba. Le dio a Pato regalos y juguetes. Por fin, Pato dijo, "No estoy enojado. Sólo quiero estar solo un rato. Seguimos siendo los mejores amigos".

Instrucciones: Encierra en un círculo la respuesta correcta.

1. ¿Por qué Pollo pensó que Pato estaba enojado?

   A. porque Pato dijo que estaba enojado

   B. porque Pato estaba sentado solo

   C. porque Pato no quería los regalos ni los juguetes

2. ¿Por qué Pato quería estar sentado solo?

   A. porque estaba enojado

   B. porque no le agrada Pollo

   C. porque quería estar solo un rato

3. ¿Qué dibujo muestra un ave?

A.    B.    C.

Apple Picking Time

This family picks apples.

"This year, let's sort the apples by size," says Mom.

"Great idea," answers Jamie. "We can count them to see how many

we have of each size."

"I bet there will be more big apples than any other size," says Dad.

small   medium   large

1. Count the apples. Which basket has the most?
   A. small apples
   B. medium apples
   C. large apples

2. Was Dad right when he said, "I bet there will be more big apples than any other size"?

   Yes   **No**

3. Write one other way they might have sorted the apples.

_____

– –

_____

– –

_____

Cosecha de manzanas

Esta familia cosecha manzanas.

"Este año, clasifiquemos las manzanas por tamaño", dice Mamá.

"Buena idea", responde Jamie. "Las podremos contar para ver cuántas

tenemos de cada tamaño".

"Apuesto a que habrá más manzanas grandes que ningún otro tamaño", dice Papá.

pequeñas   medianas   grandes

1. Cuenta las manzanas. ¿Qué canasta tiene más manzanas?

   A. manzanas pequeñas

   B. manzanas medianas

   C. manzanas grandes

2. ¿Tenía razón Papá cuando dijo, "Apuesto a que habrá más manzanas grandes que ningún otro tamaño"?

Sí   **No**

3. Escribe otra manera en que se pueden clasificar las manzanas.

_____

- -

_____

- -

_____

Name _____ Date _____

Dinosaurs

Dinosaurs lived a long time ago. They were very big animals. Some dinosaurs ate meat. Other dinosaurs ate plants. Most dinosaurs walked across the ground. A few dinosaurs could fly.

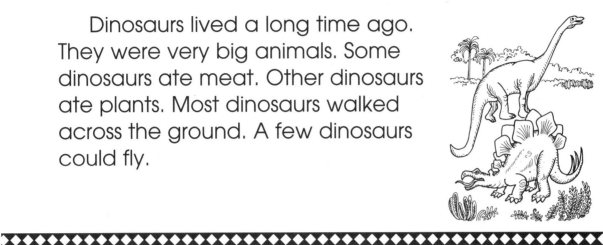

Directions: Write details from the story in the chart.

All dinosaurs
lived long ago

Dinosaurs ate	Dinosaurs traveled by
	walking

◆◆◆◆◆◆◆◆◆◆◆◆◆◆◆◆◆◆◆◆◆◆◆◆◆◆◆◆◆◆◆◆◆◆◆◆

Dinosaurios

Los dinosaurios vivieron hace mucho
tiempo. Eran animales muy grandes.
Algunos dinosaurios comían carne.
Otros dinosaurios comían plantas.
La mayoría de los dinosaurios
caminaban en la tierra. Algunos
dinosaurios podían volar.

◆◆◆◆◆◆◆◆◆◆◆◆◆◆◆◆◆◆◆◆◆◆◆◆◆◆◆◆◆◆◆◆◆◆◆◆

Instrucciones: Escribe detalles de la historia en el cuadro.

Todos los dinosaurios	
vivieron hace mucho tiempo	
Los dinosaurios comían	**Los dinosaurios se movían**
	Caminando

Tigers

Tigers live in jungles. They are big animals with black stripes. Tigers are strong animals, too. They have sharp claws and sharp teeth. Tigers are part of the cat family. They can climb trees. They can run very fast. They hunt for their food at night.

Directions: Circle the right answer.

1. Which of these is not a real tiger?

   A.

   B.

   C.

2. Which of these do real tigers do?

   A. drive cars

   B. climb trees

   C. cut down trees

3. Which of these sentences is true?

   A. Tigers like to visit their cat cousins.

   B. Tigers shop for their food at stores.

   C. Tigers are part of the cat family.

4. Which of these sentences is not true?

   A. Tigers make good pets.

   B. Tigers are big animals.

   C. Tigers have black stripes.

   D. Tigers have sharp teeth.

0-7682-3421-2 Bilingual Reading Comprehension

Tigres

Los tigres viven en la selva. Son animales grandes con franjas negras. Los tigres son también animales fuertes. Tienen garras y dientes afilados. Los tigres forman parte de la familia de gatos. Pueden subir a los árboles. Pueden correr muy rápido. Cazan su comida en la noche.

Instrucciones: Encierra en un círculo la respuesta correcta.

1. ¿Cuál de estos animales no es un tigre de verdad?

    A.

    B.

    C.

2. ¿Cuál de estas cosas hacen los tigres de verdad?

    A. manejan automóviles

    B. suben a los árboles

    C. cortan árboles

3. ¿Cuál de estos enunciados es verdadero?

    A. A los tigres les gusta visitar a sus primos gatos.

    B. Los tigres compran su comida en el supermercado.

    C. Los tigres forman parte de la familia de los gatos.

4. ¿Cuál de estos enunciados no es verdadero?

    A. Los tigres son buenas mascotas.

    B. Los tigres son animales grandes.

    C. Los tigres tienen franjas negras.

    D. Los tigres tienen dientes afilados.

Name _____ Date _____

◆◆

The Monarch Butterfly

A monarch butterfly is orange and black. It has white spots on the edges of its wings. It is very beautiful. All monarch butterflies are not the same. Each one has different marks on its wings.

◆◆◆◆◆◆◆◆◆◆◆◆◆◆◆◆◆◆◆◆◆◆◆◆◆◆◆◆◆◆◆◆◆◆◆◆

1. What colors can you find on a monarch butterfly's wings?

_____

_____

2. How are monarch butterflies like people?

    A. They are orange and black.

    B. They have two legs.

    C. There are no two exactly the same.

3. What makes each monarch different?

_____

_____

_____

_____

_____

Nombre _____ Fecha _____

La mariposa monarca

Una mariposa monarca es anaranjada con negro. Tiene manchas blancas en los bordes de las alas. Es muy hermosa. Ninguna mariposa monarca es igual a las demás. Cada una tiene marcas diferentes en las alas.

1. ¿Qué colores puedes encontrar en las alas de una mariposa monarca?

_____

- -

_____

2. ¿De qué manera se parecen las mariposas monarca a la gente?

   A. Anaranjado y negro.

   B. Tienen dos patas.

   C. No hay ninguna exactamente igual.

2. ¿Qué distingue a las mariposas monarca?

Name _____ Date _____

The Zoo

The students were very excited. They were going to the zoo. Some were going to the zoo for the first time. Some were going on a bus for the first time. The students sang songs on the bus. Then they were at the zoo. They saw many animals. It was a fun day for everyone.

1. Why were the students excited?

   A. They were singing songs.

   B. They were going to lunch.

   C. They were going to the zoo.

2. Some students had never been on a bus.

   true   false

3. Some students had never been to a zoo.

   true   false

4. Write a good title for this story.

   _____

   -

   _____

   -

   _____

El zoológico

Los estudiantes estaban muy emocionados. Iban a ir al zoológico. Algunos iban al zoológico por primera vez. Algunos iban en un autobús por primera vez. Los estudiantes cantaron en el autobús. Luego llegaron al zoológico. Vieron muchos animales. Fue un día divertido para todos.

1. ¿Por qué estaban emocionados los estudiantes?

    A. Iban cantando.

    B. Iban a ir a almorzar.

    C. Iban al zoológico.

2. Algunos estudiantes nunca habían ido en un autobús.

verdadero   falso

3. Algunos estudiantes nunca habían ido al zoológico.

verdadero   falso

4. Escribe un buen título para esta historia.

_____

- -

_____

- -

_____

Name _____ Date _____

Getting Along

It can be hard to get along with friends. Friends can have fights. Sometimes each person wants to decide what to do or play. You should talk and listen to your friends. Good friends can solve problems. They can have fun together.

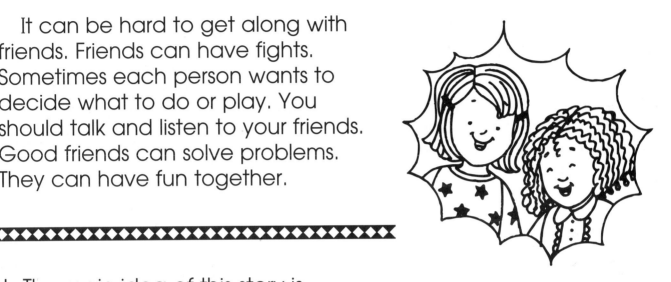

1. The main idea of this story is

    A. friends like to play.

    B. friends argue.

    C. good friends can solve their problems.

2. What should friends do when they fight?

    A. talk

    B. listen

    C. talk and listen

3. Tell about a time when you and a friend did not get along. What did you do about it?

_____

_____

_____

_____

Nombre _____ Fecha _____

Nos llevamos bien

Puede ser difícil llevarse bien con los amigos. Los amigos pueden pelear. Algunas veces cada persona quiere decidir qué hacer o a qué jugar. Debes **hablar** y **escuchar** a tus amigos. Los buenos amigos pueden resolver problemas. Pueden divertirse juntos.

1. La idea principal de esta historia es

    A. a los amigos les gusta jugar.

    B. los amigos discuten.

    C. los buenos amigos pueden resolver sus problemas.

2. ¿Qué deben hacer los amigos cuando pelean?

    A. hablar

    B. escuchar

    C. hablar y escuchar

3. Escribe acerca de una vez que tú y un amigo no se llevaron bien. ¿Qué hicieron cuando pasó esto?

    _____

    -

    _____

    -

    _____

Name _____ Date _____

Making Friends

Friends are fun. Friends learn things together. They play together and help each other. It is fun to meet new friends, too. Follow these steps when you meet a new friend.

1. Look at the person you want to meet.

2. Smile. Say, "Hi. My name is _____ . What is your name?"

Making new friends is easy to do. Try it soon!

1. Why should you smile at your new friend?

    A. So he will know that you are friendly.

    B. So he can see that you lost a tooth.

    C. So he will know that you are listening.

2. Tonya is meeting a new friend. Write in the bubble. Write what she should say.

Hacer amigos

Es divertido tener amigos. Los amigos pueden aprender cosas juntos. Juegan juntos y se ayudan entre sí. También es divertido conocer a nuevos amigos. Sigue estos pasos cuando conozcas a un nuevo amigo.

1. Mira a la persona que deseas conocer.

2. Sonríe y di, "Hola, me llamo _____. ¿Cómo te llamas?"

Hacer nuevos amigos es fácil. ¡Inténtalo pronto!

1. ¿Por qué debes sonreír a tu nuevo amigo?

   A. Para que sepa que eres amigable.

   B. Para que sepa que se te cayó un diente.

   C. Para que sepa que estás escuchando.

2. Tonya está conociendo a un nuevo amigo. Escribe en la burbuja lo que ella debería decir.

Our Community

A community is where we live, work, and play. You can find many things in a community. Communities have post offices, police stations, libraries, and more. People live, work, and play in their communities.

1. What is a community?

   A. a place where people live, work, and play

   B. a post office

   C. a police station

2. Write three things that a community has.

   A. _____

   B. _____

   C. _____

3. I like to go to the _____ in my community.

Nuestra comunidad

Una comunidad es donde vivimos, trabajamos y jugamos. Puedes encontrar muchas cosas en una comunidad. Las comunidades tienen oficinas postales, estaciones de policía, bibliotecas y más. La gente vive, trabaja y juega en su comunidad.

1. ¿Qué es una comunidad?

    A. un lugar donde la gente vive, trabaja y juega

    B. una oficina postal

    C. una estación de policía

2. Escribe tres cosas que tiene una comunidad.

A. _____

B. _____

C. _____

3. Me gusta ir a _____ en mi comunidad.

0-7682-3421-2 Bilingual Reading Comprehension

Name _____ Date _____

Parks

A park is a place for people to enjoy the outdoors.
Most parks have lots of trees and flowers. People
can sit on benches and enjoy the view. Children
who come to the park can play on swings and slides.
Sometimes people bring food to a park and eat at
picnic tables. Parks are fun to visit.

Directions: Match the words to the pictures. Draw lines.

1. bench

A.

2. picnic table

B.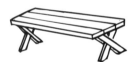

3. slide

C.

4. swing

D.

5. Write on the line. What is your favorite thing to do in a park?

_____

_____

Parques

Un parque es un lugar para que la gente disfrute estar al aire libre. La mayoría de los parques tiene muchos árboles y flores. La gente se puede sentar en las bancas y disfrutar del panorama. Los niños que van al parque pueden jugar en los columpios y resbaladillas. Algunas veces la gente lleva comida al parque y come en mesas de picnic. Es divertido ir al parque.

Instrucciones: Relaciona las palabras con los dibujos. Traza líneas.

1. banca

A.

2. mesa de picnic

B.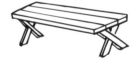

3. resbaladilla

C.

4. columpio

D.

5. Escribe en el renglón. ¿Cuál es tu actividad favorita que puedes hacer en un parque?

_____

- -

_____

Name _____ Date _____

Taking Turns

Friends should take turns. They should share toys. They should take turns at the front of the line. Taking turns is fair. Taking turns makes everyone happy. It is hard to wait for your turn. It can be fun watching a friend have fun, too.

1. Why should friends take turns?

   A. It is fair.

   B. Everyone can play with the toys.

   C. Everyone gets to be first in line.

   D. All of these answers are right.

2. Write another title for this story.

   _____

   -

   _____

3. The main idea of this story is

   A. everyone wants to be first.

   B. taking turns is fair.

   C. it can be fun to watch your friends have fun.

Nombre _____   Fecha _____

Tomar turnos

Los amigos deben tomar turnos. Deben compartir los juguetes. Deben tomar turnos poniéndose en fila. Tomar turnos es justo. Cuando se toman turnos todos están contentos. Es difícil esperar tu turno. También puede ser divertido ver a un amigo divertirse.

1. ¿Por qué deben los amigos tomar turnos?

   A. Es justo.

   B. Todos pueden jugar con los juguetes.

   C. Todos pueden ser el primero en la fila, uno a la vez.

   D. Todas las respuestas son correctas.

2. Escribe otro título para esta historia.

   _____

   -

   _____

3. La idea principal de la historia es que

   A. todos quieren ser el primero.

   B. tomar turnos es justo.

   C. puede ser divertido observar a tus amigos divertirse.

Name _____ Date _____

Our Mail Carriers

Mail carriers deliver our mail. Mail carriers have to be careful when they deliver mail. They have to pay attention to numbers. There are numbers on the streets, on the houses, and on the mail. Mail carriers could make a mistake. They might give mail to the wrong people. They must know their numbers and what they mean.

1. What helps mail carriers deliver mail?

_____

_____

2. Mail carriers need to be careful so

_____

_____

3. Look at the mail and houses below. Draw a line from each letter to the right house.

Chris Box
123 River Road
Laketown, MI

Luz Negra
457 Cherry Lane
Fruitville, NY

Mary Tag
869 South Fork Road
Spooner, GA

     0-7682-3421-2 Bilingual Reading Comprehension

Nombre _____ Fecha _____

Nuestros carteros

Los carteros entregan nuestro correo. Los carteros tienen que tener cuidado cuando entregan el correo. Tienen que poner atención a los números. Hay números en las calles, en las casas y en el correo. Los carteros podrían cometer un error. Podrían entregar el correo a la persona equivocada. Deben conocer los números y su significado.

1. ¿Qué cosa ayuda a los carteros a entregar el correo?

_____

- -

_____

2. Los carteros necesitan tener cuidado de

_____

- -

_____

3. Observa el correo y las casas siguientes. Traza una línea de cada carta a la casa correcta.

Chris Box
123 River Road
Laketown, MI

Luz Negra
457 Cherry Lane
Fruitville, NY

Mary Tag
869 South Fork Road
Spooner, GA

0-7682-3421-2 *Bilingual Reading Comprehension*

Name _____ Date _____

Stars

Do you see the stars at night? They shine in the sky. They look like tiny points of light. But stars are not small. Some stars are as large as our sun. Some stars are even bigger than our sun. Here on Earth the stars look very small to us. That is because they are so far away.

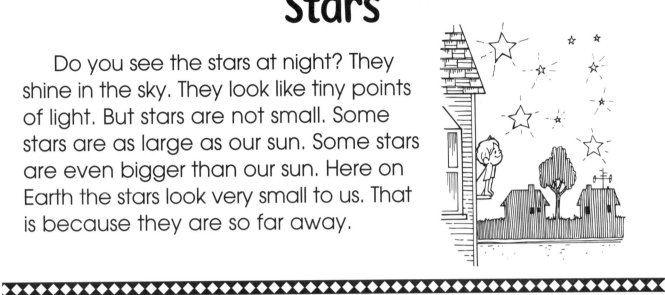

Directions: Circle the right answer.

1. Some stars are

    A. tiny points of light.

    B. as large as our sun.

    C. close to Earth.

    D. very dark.

2. Stars look small to us because

    A. they are small.

    B. they are so far away.

    C. they shine so much.

    D. they are suns.

Directions: Write **T** for true or **F** for false.

3. Stars look like tiny points of light. _____

4. There are some stars that are bigger than our sun. _____

5. You can see stars at night. _____

6. Stars are close to us. _____

0-7682-3421-2 *Bilingual Reading Comprehension*

Nombre _____ Fecha _____

Las estrellas

¿Ves las estrellas en la noche? Brillan en el cielo. Parecen puntos diminutos de luz. Pero las estrellas no son pequeñas. Algunas estrellas son tan grandes como el sol. Algunas estrellas son más grandes que el sol. Aquí en la tierra las estrellas se ven muy pequeñas. Es porque están muy lejos.

Instrucciones: Encierra en un círculo la respuesta correcta.

1. Algunas estrellas

   A. son puntos diminutos de luz.

   B. son tan grandes como el sol.

   C. están cerca de la tierra.

   D. son muy oscuras.

2. Las estrellas parecen pequeñas para nosotros porque

   A. son muy pequeñas.

   B. están muy lejos.

   C. brillan mucho.

   D. son soles.

Instrucciones: Escribe **V** para verdadero o **F** para falso.

3. Las estrellas son puntos diminutos de luz. _____

4. Hay algunas estrellas que son más grandes que el sol. _____

5. Puedes ver las estrellas en la noche. _____

6. Las estrellas están cerca de nosotros. _____

Rabbits

A rabbit can be a good pet. Rabbits are soft and furry. They can have white, brown, or black fur. Some rabbits have more than one color. Rabbits need to eat grass or hay. They need to drink water every day. Rabbits also like to eat carrots, apples, cabbage, and broccoli. They need a lot of exercise. And they like to go outside. Having a rabbit for a pet can be fun!

1. What color can a rabbit be?

    A. white

    B. brown

    C. black

    D. all of these colors

2. Draw lines from the rabbit to its food.

3. What color rabbit would you choose?

    _____

    - - - - - - - - - - - - - - - - - -

I would choose a _____ rabbit.

0-7682-3421-2 *Bilingual Reading Comprehension*

Nombre _____ Fecha _____

Los conejos

Un conejo puede ser una buena mascota. Los conejos son suaves y tienen mucho pelo. Tienen pelo blanco, café o negro. Algunos conejos tienen varios colores. Los conejos necesitan comer pasto o heno. Necesitan beber agua todos los días. A los conejos también les gusta comer zanahorias, manzanas, repollo y brócoli. Necesitan hacer mucho ejercicio. Y les gusta estar al aire libre. ¡Tener un conejo de mascota puede ser divertido!

1. ¿De qué color puede ser un conejo?

    A. blanco

    B. café

    C. negro

    D. todos estos colores

2. Traza líneas del conejo a su comida.

3. ¿De qué color elegirías a tu conejo?

_____

Elegiría un conejo _____ .

0-7682-3421-2 *Bilingual Reading Comprehension*

Name _____ Date _____

Hedgehogs

The hedgehog is a small animal. It has a small head that is pointed. At the tip of the point is a funny little nose. On its underside, the hedgehog has soft fur. On its back, it has sharp hairs called spines. When the hedgehog becomes afraid, it rolls into a ball. All you can see are the spines. When it does this, other animals will not try to harm it.

Directions: Read the story about hedgehogs. Fill in the missing words in the sentences below.

1. The hedgehog is a small _____ .

2. It's head is _____ .

3. On its underside, the hedgehog has soft _____ .

4. On its back, it has sharp hairs called _____ .

5. When it is afraid, it rolls into a _____ .

Published by Frank Schaffer Publications. Copyright Protected. 0-7682-3421-2 *Bilingual Reading Comprehension*

Los erizos

El erizo es un animal pequeño. Tiene una cabeza pequeña y afilada. En la punta tienen una pequeña y graciosa nariz. En la parte de abajo, el erizo tiene piel suave. En el lomo tiene pelo afilado llamado espinas. Cuando el erizo se asusta rueda en una bola. Todo lo que puedes ver son las espinas. Cuando hace esto, ningún animal trata de lastimarlo.

Instrucciones: Lee la historia sobre los erizos. Escribe las palabras que faltan en los enunciados siguientes.

1. El erizo es un _____ pequeño.

2. Su cabeza es _____ .

3. En la parte de abajo, el erizo tiene _____ suave.

4. En el lomo tiene pelo afilado llamado _____ .

5. Cuando se asusta, rueda en una _____ .

Name _____ Date _____

Birds

There are <u>many</u> kinds of birds. The cardinal is a <u>red</u> bird. The cardinal lays <u>three</u> or <u>four</u> eggs. The brown-headed cowbird is <u>black</u> with a <u>brown</u> head. The hummingbird is a very <u>small</u> bird. It lays <u>two</u> eggs. The bald eagle is a <u>large</u> bird. It is brown with a <u>white</u> head. The bald eagle lays from <u>one</u> to <u>four</u> eggs. Bluebirds are <u>blue</u> with <u>orange</u> or light <u>blue</u> breasts. The bluebird lays up to <u>six</u> eggs.

Directions: The underlined words tell more about things in the story. Put these words in the nests where they belong.

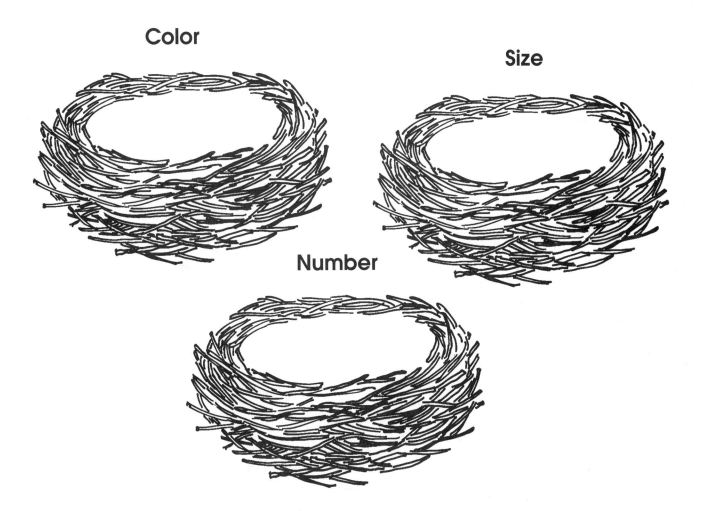

Color

Size

Number

Las aves

Hay <u>muchos</u> tipos de aves. El cardenal es un ave <u>roja</u>. El cardenal pone <u>tres</u> o <u>cuatro</u> huevos. El molotro es <u>negro</u> con cabeza <u>café</u>. El colibrí es un ave muy <u>pequeña</u>. Pone <u>dos</u> huevos. El águila calva es un ave <u>grande</u>. Es café con cabeza <u>blanca</u>. El águila calva pone de <u>uno</u> a <u>cuatro</u> huevos. Los pájaros azules son <u>azules</u> con pecho <u>anaranjado</u> o <u>azul</u> claro. El pájaro azul pone hasta <u>seis</u> huevos.

Instrucciones: Las palabras subrayadas dicen más sobre las cosas de la historia. Pon estas palabras en los nidos a los que pertenecen.

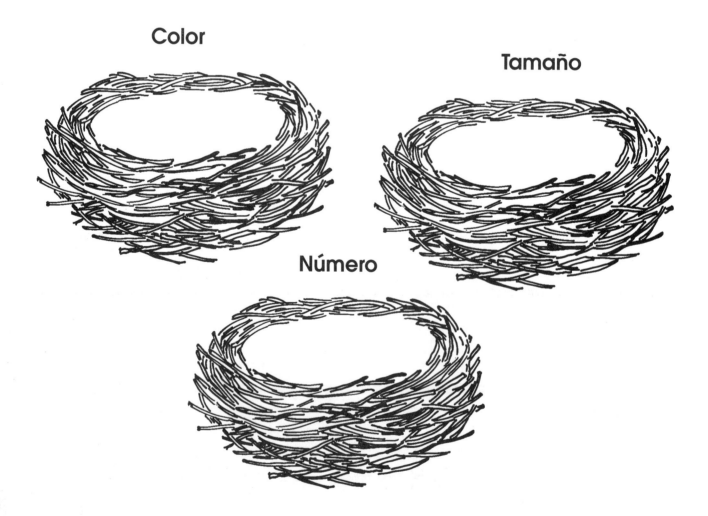

Color

Tamaño

Número

Woof the Dog

Woof the dog says, "Woof, woof. I am bored."

He finds a shoe. He chews it.

"No, Woof!" yells Jamie. "You can't eat that!"

Jamie gives her dog a bone. She says, "Yes. You can eat this."

Woof chews the bone. He thinks, "Yes, this is better for me."

1. What is the dog's name?

   A. Jamie

   B. Woof

   C. Dog

   D. Spot

2. Who is Jamie?

   _____

   -

   _____

3. Why does Jamie yell, "No, Woof!" Circle the right one.

Nombre _____ Fecha _____

Woof el perro

Woof el perro dice, "Guau, guau. Estoy aburrido".

Encuentra un zapato. Lo mastica.

"¡No, Woof!" grita Jamie.

"¡No puedes comer eso!"

Jamie da a su perro un hueso.

Dice, "Sí. Puedes comer esto".

Woof mastica el hueso. Piensa, "Sí, esto es mejor para mí".

1. ¿Cómo se llama el perro?

    A. Jamie

    B. Woof

    C. Perro

    D. Spot

2. ¿Quién es Jamie?

_____

- -

_____

3. ¿Por qué grita Jamie, "¡No, Woof!"? Encierra en un círculo el dibujo correcto.

Soccer

Karen thinks it is fun to exercise. Her favorite sport is soccer. She plays on a soccer team. Soccer is played on a field shaped like a rectangle. You move a round, black and white ball to a goal. You cannot use your hands to move the ball. You have to kick the ball with your feet. You can also hit the ball with your knee, elbow, or head. Soccer is Karen's favorite sport.

1. When you play soccer you **cannot** hit the ball with your

    A. head.

    B. knee.

    C. hands.

    D. elbow.

2. A soccer field is shaped like a

    A.   B.

    C.   D.

3. Draw a picture of a soccer ball.

Nombre _____ Fecha _____

El fútbol

Karen piensa que es divertido hacer ejercicio. Su deporte favorito es el fútbol. Juega en un equipo de fútbol. El fútbol se juega en un campo en forma de rectángulo. Mueves una pelota redonda de color blanco y negro a una portería. No puedes usar las manos para mover la pelota. Tienes que patear la pelota con los pies. También puedes pegarle a la pelota con la rodilla, el codo o la cabeza. El fútbol es el deporte favorito de Karen.

1. Cuando juegas fútbol **no puedes** pegarle a la pelota con

    A. la cabeza.

    B. la rodilla.

    C. las manos.

    D. el codo.

2. Un campo de fútbol tiene forma de un

    A.   B.

    C.   D.

3. Haz un dibujo de una pelota de fútbol.

✦✦✦

The Dog Walker

Rosa likes dogs. Her neighbor pays her $1.00 a week to walk her dog. She thinks this is a fun job. Frank is a funny dog. He likes to do tricks. Rosa brings water for Frank to drink. She also brings some for herself. It is good to drink water on a hot day. Rosa likes her job. It is a fun way to earn money.

✦✦✦

1. Rosa's neighbor pays her $1.00 each week. How much money will she have after 2 weeks?

   A. $1.00

   B. $2.00

   C. $3.00

2. Why does Rosa like her job?

   _____

   -

   _____

   -

   _____

3. What is another good title for this story?

   A. Rosa Has Fun Earning Money

   B. Rosa Brings Water

   C. Frank Is a Funny Dog

Nombre _____ Fecha _____

La niña que lleva a caminar a los perros

A Rosa le gustan los perros. Su vecino le paga
$1.00 a la semana por llevar a caminar a su
perro. Piensa que es un trabajo divertido. Frank
es un perro gracioso. Le gusta hacer trucos.
Rosa lleva agua para que Frank
beba. También lleva agua para
ella. Es bueno beber agua en
un día cálido. A Rosa le gusta su trabajo.
Es una manera divertida de ganar dinero.

1. El vecino de Rosa le paga $1.00 cada semana. ¿Cuánto
   dinero tendrá después de 2 semanas?

   A. $1.00

   B. $2.00

   C. $3.00

2. ¿Por qué le gusta a Rosa su trabajo?

   _____

   -

   _____

   _____

   -

   _____

3. ¿Qué otro título sería bueno para esta historia?

   A. Rosa se divierte ganando dinero

   B. Rosa lleva agua

   C. Frank es un perro gracioso

Name _____ Date _____

At the Airport

An airport is a busy place. It is where planes take off and land. People line up to buy tickets for the planes. Their bags are driven to the plane in trucks. The airport has places where you can eat and buy gifts. You can buy a book to read on your flight. There are also places with big windows where you can watch the planes land.

Directions: Match the words to the pictures that show things in the airport.

1. A plane takes off.

A.

2. People buy tickets for the plane.

B.

3. People can eat at the airport.

C.

4. Bags are taken to the plane in trucks.

D.

0-7682-3421-2 *Bilingual Reading Comprehension*

En el aeropuerto

Un aeropuerto es un lugar concurrido. Es donde los aviones despegan y aterrizan. La gente hace fila para comprar boletos para los aviones. Sus maletas se llevan al avión en camiones. El aeropuerto tiene lugares donde puedes comer y comprar regalos. Puedes comprar un libro para leer durante tu vuelo. También hay lugares con ventanas grandes por las que puedes ver aterrizar los aviones.

Instrucciones: Relaciona las palabras con los dibujos para indicar las cosas en el aeropuerto.

1. Un avión despega.

A.

2. La gente compra boletos para el avión.

B.

3. La gente puede comer en el aeropuerto.

C.

4. Las maletas se llevan al avión en camiones.

D.

Name _____   Date _____

Pilots

A pilot is a person who flies an airplane. Pilots go to special schools to learn how to fly planes. Some pilots fly planes for fun. Other pilots fly planes as their job. Pilots have to learn how to fly in all kinds of weather. They have to work with people on the ground to land planes safely. Being a pilot is an important job.

Directions: Connect the two parts of the fact sentences together. Draw lines.

1. Pilots go to special schools

2. Some pilots fly planes

3. Pilots have to fly in all kinds

4. A pilot is a person who

A. for fun.

B. of weather.

C. flies an airplane.

D. to learn how to fly planes.

5. Circle the fact.

A. Pilots must have a lot of fun flying planes.

B. It must be scary to fly in a storm.

C. Some pilots fly planes as their job.

D. All pilots are very brave.

Los pilotos

Un piloto es una persona que vuela un avión. Los pilotos van a escuelas especiales para aprender a volar aviones. Algunos pilotos vuelan aviones por diversión. Otros pilotos vuelan aviones en su trabajo. Los pilotos tienen que aprender a volar en todos tipos de climas. Tienen que trabajar con gente en la tierra para aterrizar los aviones de manera segura. Ser un piloto es un trabajo importante.

Instrucciones: Conecta las dos partes de los enunciados de hechos. Traza líneas.

1. Los pilotos van a escuelas especiales   A. por diversión.

2. Algunos pilotos vuelan aviones   B. de climas.

3. Los pilotos vuelan en todos tipos   C. vuela un avión.

4. Un piloto es una persona que   D. para aprender a volar aviones.

5. Encierra en un círculo el hecho.

   A. Los pilotos deben divertirse mucho volando aviones.

   B. Debe ser temeroso volar en una tormenta.

   C. Algunos pilotos vuelan aviones en su trabajo.

   D. Todos los pilotos son muy valientes.

Fire Fighters

A fire fighter's job is to put out fires. This can be a dangerous job. Sometimes fire fighters have to go into burning houses. Sometimes they have to get people out safely. Whenever the bell rings, the fire fighters rush to their truck. They wear special boots, hats, and coats to help keep them safe from the fire.

Directions: Write **F** for fact or **O** for opinion.

1. _____ A fire fighter's job is to put out fires.

2. _____ A fire fighter's job is scary.

3. _____ Fire fighters wear special clothes to help keep them safe.

4. _____ I would not want to be a fire fighter.

5. _____ Fire fighters rush to their truck when the bell rings.

6. _____ Fire fighters drive special trucks.

Published by Frank Schaffer Publications. Copyright Protected.   0-7682-3421-2 *Bilingual Reading Comprehension*

Nombre _____   Fecha _____

Bomberos

El trabajo de un bombero es apagar los incendios. Esto puede ser un trabajo peligroso. Algunas veces los bomberos tienen que entrar a las casas con fuego. Algunas veces tienen que sacar a personas en forma segura. Siempre que suenan los timbres los bomberos se apresuran a su camión. Usan botas, sombreros y trajes especiales para mantenerse seguros del fuego.

Instrucciones: Escribe **H** para hecho u **O** para opinión.

1. _____ El trabajo de un bombero es apagar los incendios.

2. _____ El trabajo de un bombero es temible.

3. _____ Los bomberos usan ropa especial para mantenerse seguros.

4. _____ No me gustaría ser bombero.

5. _____ Los bomberos se apresuran a su camión cuando suena el timbre.

6. _____ Los bomberos manejan camiones especiales.

The Family Garden

My family plants a garden. Everyone has a job to do. My dad makes our garden patch by digging up the grass. My mom and I draw a plan for our garden. This is how we know where to plant the seeds. Everyone works together to plant the seeds. We take turns watering our garden. We pull weeds from our garden. Our plants get bigger. We feel proud. We have grown a lot of good food to eat.

1. What is the dad's job?

   A. to buy the seeds

   B. to draw a plan for the garden

   C. to make the garden patch

2. Who draws the plan?

   A. the mom and dad

   B. the mom and child

   C. the dad and child

3. Whose job is it to water the garden?

   A. the mom's job

   B. the dad's job

   C. the child's job

   D. everyone's job

4. The family feels proud because

_____

_____

_____

_____

Nombre _____ Fecha _____

El jardín de la familia

Mi familia siembra un jardín. Todos tienen un trabajo qué hacer. Mi papá ara la tierra del jardín escarbando en el pasto. Mi mamá y yo dibujamos un plan para nuestro jardín. Así es como sabemos dónde sembrar las semillas. Todos trabajamos juntos para sembrar las semillas. Tomamos turnos para regar nuestro jardín. Arrancamos las hierbas de nuestro jardín. Nuestras plantas crecen. Nos sentimos orgullosos. Hemos cultivado muchos alimentos para comer.

1. ¿Cuál es el trabajo del papá?

   A. comprar las semillas

   B. dibujar un plan para el jardín

   C. arar la tierra del jardín

2. ¿Quién dibuja el plan?

   A. la mamá y el papá

   B. la mamá y el niño

   C. el papá y el niño

3. ¿De quién es el trabajo de regar el jardín?

   A. trabajo de la mamá

   B. trabajo del papá

   C. trabajo del niño

   D. trabajo de todos

4. La familia se siente orgullosa porque

   _____

   _____

   _____

   _____

   _____ .

0-7682-3421-2 Bilingual Reading Comprehension

Vegetables for Sale

Ron had a garden. His garden got sun and water. He took care of his plants. But, he grew too many. His mom said he could sell the extras. Ron put them in his wagon. He walked to his neighbors' houses. He sold each  tomato for one quarter. He sold each carrot for one dime. He sold all of the vegetables. Then Ron went home. He put his money in his bank.

1. Draw lines. Match the carrot and tomato to the right coins.

2. Ron sold 3 tomatoes. Draw quarters. Show how much money he made.

3. Ron sold 6 carrots. Write numbers to show each coin he earned.

Nombre _____ Fecha _____

Se venden verduras

Ron tenía un jardín. Su jardín obtuvo sol y
agua. Él cuidó sus plantas. Pero cultivó
demasiadas. Su mamá le dijo que
podía vender las plantas extras.
Ron las puso en su carrito.
Caminó a las casas de sus
vecinos. Vendió cada tomate
a veinticinco centavos. Vendió cada zanahoria a diez centavos.
Vendió todas las verduras. Luego Ron regresó a casa. Puso el
dinero en su alcancía

1. Traza líneas. Relaciona la zanahoria y el tomate con las
   monedas correctas.

2. Ron vendió 3 tomates. Dibuja monedas de veinticinco
   centavos. Muestra cuánto dinero ganó.

3. Ron vendió 6 zanahorias. Escribe los números para indicar
   cada moneda que se ganó.

Name _____ Date _____

Weather

Weather is what it is like outside. Weather is always changing. One day it may be hot. The next day, it may get cold. Sometimes it rains or snows. At other times, it may be foggy. Weather changes help us. Plants need sun and rain to grow. Trees need cold weather to shed their leaves. Then they can grow new ones.

Directions: Circle the right answer.

1. Choose the sentence that tells about the whole story.

   A. Weather is always changing. Those changes help us.

   B. Weather is foggy in the spring.

   C. Weather needs to be cold for trees to grow.

2. Weather is

   A. foggy and hot all the time.

   B. what it is like outside.

   C. what makes rain.

   D. always the same.

Directions: Write in the blank. Finish the sentence.

3. Rain, snow, and fog are all kinds of

   _____
   - - - - - - - - - - - - - - - -
   _____ .

4. _____
   - - - - - - - - - - - - - - - -
   _____
   need sun and rain to grow.

El clima

El clima es como está afuera. El clima siempre está cambiando. Un día puede estar caliente. El siguiente día puede estar frío. Algunas veces llueve o nieva. Otras veces puede estar nublado. Los cambios de clima nos ayudan. Las plantas necesitan del sol y la lluvia para crecer. Los árboles necesitan del clima frío para dejar caer las hojas. Luego les salen hojas nuevas.

Instrucciones: Encierra en un círculo la respuesta correcta.

1. Selecciona el enunciado que dice sobre toda la historia.

   A. El clima siempre está cambiando. Estos cambios nos ayudan.

   B. El clima es nublado en la primavera.

   C. El clima necesita ser frío para que los árboles crezcan.

2. El clima es

   A. nublado y caliente todo el tiempo.

   B. como está fuera.

   C. lo que hace la lluvia.

   D. siempre el mismo.

Instrucciones: Escribe en el espacio en blanco. Termina el enunciado.

3. La lluvia, la nieve y la neblina son todos los tipos de

_____

_ _ _ _ _ _ _ _ _ _ _ _ _ _ _ _ _ .

4. _____

_ _ _ _ _ _ _ _ _ _ _ _ _ _ _ _ _

necesitan del sol y la lluvia para crecer.

Name _____ Date _____

Clouds

Do you know where rain comes from? Rain comes from the clouds in the sky. Clouds are made from water. That water falls out of the clouds as rain. Sometimes you can look at clouds and tell when it will rain. Clouds are white and puffy on sunny days. When it is going to rain, clouds turn gray.

Directions: Circle the right answer.

1. Choose the sentence that tells about the whole story.
   A. Clouds are white and puffy on sunny days.
   B. Rain comes from clouds in the sky.
   C. Clouds can be gray or black.

2. Clouds are
   A. always white and puffy.
   B. gray on sunny days.
   C. gray when it is going to rain.

3. How can you tell if it is going to rain?
   A. from the water in the clouds
   B. from the sun
   C. from the color of the clouds

4. Circle the sentence that is true.
   A. Clouds are made of water.
   B. Rain comes from the air.
   C. Clouds are made of cotton.

 0-7682-3421-2 *Bilingual Reading Comprehension*

Nombre _____   Fecha _____

Las nubes

    ¿Sabes de dónde viene la lluvia? La lluvia cae de las nubes en el cielo. Las nubes están hechas de agua. El agua cae de las nubes en forma de lluvia. Algunas veces puedes ver las nubes y decir cuándo va a llover. Las nubes son blancas y esponjosas en los días soleados. Cuando va a llover, las nubes se vuelven grises.

Instrucciones: Encierra en un círculo la respuesta correcta.

1. Selecciona el enunciando que dice sobre toda la historia.

   A. Las nubes son blancas y esponjosas en los días soleados.

   B. La lluvia cae de las nubes en el cielo.

   C. Las nubes pueden ser grises o negras.

3. ¿Cómo puedes decir si va a llover?

   A. por el agua en las nubes

   B. por el sol

   C. por el color de las nubes

2. Las nubes son

   A. siempre blancas y esponjosas.

   B. grises en los días soleados.

   C. grises cuando va a llover.

4. Encierra en un círculo el enunciado que es verdadero.

   A. Las nubes están hechas de agua.

   B. La lluvia cae del aire.

   C. Las nubes están hechas de algodón.

The Earth

Earth is a planet. It revolves around the sun. This planet has everything we need to live. Earth has land and water. We can grow food here. It gets light and heat from the sun. The heat keeps us warm. The light helps plants to grow. We breathe the air around Earth. Earth is a good home.

1. Earth is a

   A. sun.

   B. country.

   C. planet.

   D. land.

2. This story tells us

   A. why Earth is a good home for us.

   B. how Earth revolves around the moon.

   C. why Earth has air.

   D. how Earth makes heat for itself.

3. How does Earth get its light and heat?

   A. from the air

   B. from water

   C. from land

   D. from the sun

4. What are two important things that Earth gives us?

   A. air and water

   B. land and rocks

   C. light and heat

   D. toys and games

      0-7682-3421-2 *Bilingual Reading Comprehension*

Nombre _____ Fecha _____

La tierra

La tierra es un planeta. Gira alrededor del sol. Este planeta tiene todo lo que necesitamos para vivir. La tierra tiene tierra y agua. Podemos cultivar alimentos aquí. Obtiene luz del calor del sol. El calor nos mantiene cómodos. La luz ayuda a crecer a las plantas. Respiramos el aire que rodea la tierra. La tierra es un buen hogar.

1. La tierra es un

    A. sol.

    B. país.

    C. planeta.

    D. terreno.

2. Esta historia nos habla de

    A. por qué la tierra es un buen hogar para nosotros.

    B. cómo la tierra gira alrededor de la luna.

    C. por qué la tierra tiene aire.

    D. cómo la tierra produce calor por sí misma.

3. ¿Cómo obtiene la tierra la luz y el calor?

    A. del aire

    B. del agua

    C. de la tierra

    D. del sol

4. ¿Cuáles son dos cosas importantes que nos da la tierra?

    A. el aire y el agua

    B. la tierra y las rocas

    C. la luz y el calor

    D. los juguetes y los juegos

 0-7682-3421-2 Bilingual Reading Comprehension

Name _____ Date _____

Starfish

Starfish live in the sea. But a starfish is not really a fish at all. It is an animal. It has tough, hard skin. This skin is covered with sharp bumps called **spines**. A starfish has five arms that make it look like a star. If one of these arms breaks off, the starfish can grow a new one. The mouth of the starfish is on the bottom of its body.

Directions: Match each part of the starfish with a c____ ___l.

1. _____ skin   A. can grow new ones

2. _____ arms   B. on the bottom of its body

3. _____ mouth   C. sharp bumps

4. _____ spines   D. tough and hard

   0-7682-3421-2 Bilingual Reading Comprehension

Nombre _____ Fecha _____

La estrella de mar

Las estrellas de mar viven en el mar. Pero en realidad una estrella de mar no es un pez. Es un animal. Tiene piel fuerte y dura. Esta piel está cubierta por picos afilados llamados **espinas**. Una estrella de mar tiene cinco brazos que le dan la forma de una estrella. Si uno de estos brazos se rompe, puede crecerle otro a la estrella de mar. La estrella de mar tiene la boca en la parte de abajo del cuerpo.

Instrucciones: Relaciona cada parte de la estrella de mar con un detalle.

1. _____ piel

2. _____ brazos

3. _____ boca

4. _____ espinas

A. pueden salirle nuevos

B. está en la parte de abajo del cuerpo

C. picos afilados

D. fuerte y dura

144 0-7682-3421-2 *Bilingual Reading Comprehension*

Name _____ Date _____

Deserts

A desert is very dry land. This land gets little rain. The air is hot during the day. At night, the desert air becomes very cool. The wind blows the sand into small hills called **sand dunes**. Some deserts have dirt instead of sand. Only a few kinds of plants and animals can live in such a hot, dry place.

Directions: Circle **Yes** or **No**. Show what might happen in a desert.

1. There is a rain storm every night in the desert.

   Yes   **No**

2. The wind makes new sand dunes in the desert.

   Yes   **No**

3. The desert gets cool during the day.

   Yes   **No**

4. Many trees grow in the desert.

   Yes   **No**

5. A camel can walk across the desert.

   Yes   **No**

6. A desert can have dirt instead of sand.

   Yes   **No**

0-7682-3421-2 Bilingual Reading Comprehension

Nombre _____ Fecha _____

Los desiertos

Un desierto tiene la tierra muy seca. Llueve poco en esta tierra. El aire es caliente durante el día. En la noche, el aire enfría mucho. El viento sopla la arena y forma pequeños cerros llamados **dunas de arena**. Algunos desiertos tienen tierra en lugar de arena. Sólo algunas plantas y animales pueden vivir en un lugar tan caliente y seco.

Instrucciones: Encierra en un círculo **Sí** o **No**. Muestra qué puede ocurrir en un desierto.

1. Hay una tormenta de lluvia cada noche en el desierto.

   Sí   **No**

2. El viento hace nuevas dunas de arena en el desierto.

   Sí   **No**

3. El desierto se enfría durante el día.

   Sí   **No**

4. Muchos árboles crecen en el desierto.

   Sí   **No**

5. Un camello puede atravesar el desierto.

   Sí   **No**

6. Un desierto puede tener tierra en lugar de arena.

   Sí   **No**

Ice Cream   **page 5**
1. 2, 3, 1
2. hot
3. Answers will vary.

El helado   **página 6**
1. 2, 3, 1
2. caluroso
3. Las respuestas varían.

The Bus   **page 7**
1. B
2. C
3. A

El autobús   **página 8**
1. B
2. C
3. A

Trains   **page 9**
1. A
2. C
3. B
4. tracks

Los trenes   **página 10**
1. A
2. C
3. B
4. vías

The Baseball Game   **page 11**
1. C
2. B
3. C
4. Answers will vary.

El juego de béisbol   **página 12**
1. C
2. B
3. C
4. Las respuestas varían.

The Spider   **page 13**
1. A
2. B
3. Yes
4. Yes
5. No

La araña   **página 14**
1. A
2. B
3. Sí
4. Sí
5. No

My Feelings   **page 15**
1. B
2. D
3. A
4. C
5. happy
6. sad
7. angry
8. surprised

Published by Frank Schaffer Publications. Copyright Protected.   0-7682-3421-2 Bilingual Reading Comprehension

Mis sentimientos — página 16
1. B
2. D
3. A
4. C
5. contento
6. triste
7. enojado
8. sorprendido

Baby Animals — page 17
1. B
2. C
3. D
4. A

Animales bebés — página 18
1. B
2. C
3. D
4. A

Fruits and Vegetables — page 19
1. V
2. V
3. F
4. V
5. F
6. banana

Frutas y verduras — página 20
1. V
2. V
3. F
4. V
5. F
6. banana

Days — page 21
1. B
2. C
3. A
4. Answers will vary.

Los días de la semana — página 22
1. B
2. C
3. A
4. Las respuestas varían.

Way Out West — page 23
1. A
2. C
3. D
4. cowboy hat (third)

Vamos al oeste — página 24
1. A
2. C
3. D
4. sombrero vaquero (tercero)

At the Mall — page 25
fan—Dad
toy truck—John
scarf—Lisa
vase—Mom

En el centro comercial — página 26

abanico—Papá

camión de juguete—John

bufanda—Lisa

florero—Mamá

Seals — page 27

1. Yes
2. No
3. Yes
4. No

Las focas — página 28

1. Sí
2. No
3. Sí
4. No

Shopping — page 29

1. 3
2. 5
3. 4
4. 2
5. 1
6. 6

De compras — página 30

1. 3
2. 5
3. 4
4. 2
5. 1
6. 6

Bike Safety — page 31

1. B
2. C
3. D
4. A

Seguridad en la bicicleta — página 32

1. B
2. C
3. D
4. A

Too Hot! Too Cold! — page 33

1. too cold
2. too hot
3. too hot
4. too cold
5. too hot
6. too cold

¡Mucho calor! ¡Mucho frío! — página 34

1. mucho frío
2. mucho calor
3. mucho calor
4. mucho frío
5. mucho calor
6. mucho frío

Map Facts — page 35

1. A
2. A
3. B
4. A
5. B

Partes del mapa página 36
1. A
2. A
3. B
4. A
5. B

Traffic Signs page 37
1. Stop
2. Go
3. Stop
4. Go

Señales de tráfico página 38
1. Alto
2. Sigue
3. Alto
4. Sigue

Trees page 39
1. D
2. C
3. B
4. A

Los árboles página 40
1. D
2. C
3. B
4. A

Special Clothes page 41
1. D
2. E
3. C

4. A
5. B

Ropa especial página 42
1. D
2. E
3. C
4. A
5. B

What's the Weather? page 43
1. C
2. C
3. C
4. A

¿Cómo está el clima? página 44
1. C
2. C
3. C
4. A

New Gardens page 45
1. B
2. B
3. C
4. A, D

Nuevos jardines página 46
1. B
2. B
3. C
4. A, D

◆◆◆

The Post Office page 47

1. A
2. C
3. B
4. C

La oficina postal página 48

1. A
2. C
3. B
4. C

Thank-you Letters page 49

1. C
2. A
3. B

Cartas de agradecimiento página 50

1. C
2. A
3. B

Riddle Time page 51

1. C
2. D
3. A
4. B

Hora de acertijos página 52

1. C
2. D
3. A
4. B

Names page 53

People—Jesse, Mary
Pet—Fluffy, Goldie
Town—Portland, Smithville

Nombres página 54

Personas—Jesse, Mary
Mascotas—Fluffy, Goldie
Ciudades—Pórtland, Smithville

Helping at Home page 55

1. A chore is a regular household job.
2. C
3. first

Ayuda en casa página 56

1. A la tarea es un trabajo normal de casa.
2. C
3. primero

Farmers Are Important page 57

1. food
2. celery, cherries, strawberries, bean

Los granjeros son importantes página 58

1. alimentos
2. apio, cerezas, fresas, frijoles

Colors page 59

One pond should be red, one blue, and one yellow. The bridge between red and yellow should be orange. The bridge between blue and red should be purple. The bridge between blue and yellow should be green.

0-7682-3421-2 *Bilingual Reading Comprehension*

Los colores **página 60**

Un lago debe ser rojo, uno azul y uno amarillo. El puente entre el rojo y el amarillo debe ser anaranjado. El puente entre el azul y el rojo debe ser morado. El puente entre el azul y el amarillo debe ser verde.

A Day on the Farm **page 61**
1. C
2. A
3. B

Un día en la granja **página 62**
1. C
2. A
3. B

Eli Elephant **page 63**
1. Yes
2. No
3. Yes
4. No
5. No

El elefante Eli **página 64**
1. Sí
2. No
3. Sí
4. No
5. No

A Fall Day **page 65**

Answers will vary. Sample answers are:

see—bright leaves

hear—crunching leaves

feel—crisp air

smell—cider

taste—cider

Un día de otoño **página 66**

Las respuestas varían.
Muestra de respuestas:

vista—hojas brillantes

oído—hojas crujientes

tacto—aire vigorizante

olfato—sidra

gusto—sidra

How Children Earn Money **page 67**
1. sell lemonade, do yard work, wash cars, sell cookies, walk dogs
2–3. Answers will vary.

Cómo ganan dinero los niños **página 68**
1. vendiendo limonada, trabajando en el jardín, lavando autos, vendiendo galletas, llevando a caminar a los perros
2–3. Las respuestas varían.

My Magic Tongue **page 69**
1. A
2. C
3. tip—popcorn and candy; side—lemon

Mi lengua mágica **página 70**
1. A
2. C
3. punta—palomitas y dulce; lado—limón

Seeing with Their Ears **page 71**
1. true
2. true
3. false
4. true

Ver con los oídos **página 72**
1. verdadero
2. verdadero
3. falso
4. verdadero

My Body **page 73**
1. work
2. shape
3. move
4. Skin
5. Answers will vary.

Mi cuerpo **página 74**
1. trabajar
2. figura
3. mover
4. Piel
5. Las respuestas varían.

We Eat Seeds **page 75**
1. C
2. beans, peas, peanuts, sunflower seeds
3. good

Comemos semillas **página 76**
1. C
2. frijoles, chícharos, cacahuates, semillas de girasol

3. buenas

We Eat Roots **page 77**
1. Answers will vary.
2. carrots, potatoes, beets
3. underground

Comemos raíces **página 78**
1. Las respuestas varían.
2. zanahorias, papas, betabeles
3. bajo tierra

We Eat Leaves **page 79**
1. B
2. lettuce, spinach
3. B

Comemos hojas **página 80**
1. B
2. lechuga, espinacas
3. B

Pets **page 81**
1. Helen
2. Sun
3. Micaela
4. Rob
5. B

Mascotas **página 82**
1. Helen
2. Sun
3. Micaela
4. Rob
5. B

Months of the Year page 83

Spring—March, April, May
Summer—June, July, August
Fall—September, October, November
Winter—December, January, February

Los meses del año página 84

Primavera—marzo, abril, mayo
Verano—junio, julio, agosto
Otoño—septiembre, octubre, noviembre
Invierno—diciembre, enero, febrero

My Sense of Touch page 85

1. C
2. B
3. C
4. A

Mi sentido del tacto página 86

1. C
2. B
3. C
4. A

Chick and Duck page 87

1. B
2. C
3. B

Pollo y Pato página 88

1. B
2. C
3. B

Apple Picking Time page 89

1. B
2. No
3. Answers will vary.

Cosecha de manzanas página 90

1. B
2. No
3. Las respuestas varían.

Dinosaurs page 91

All dinosaurs—lived long ago, were very big
Dinosaurs ate—meat, plants
Dinosaurs traveled by—flying, walking

Dinosaurios página 92

Todos los dinosaurios—vivieron hace mucho tiempo, eran muy grandes
Los dinosaurios comían—carne, plantas
Los dinosaurios se movían—volando, caminando

Tigers page 93

1. B
2. B
3. C
4. A

Tigres página 94

1. B
2. B
3. C
4. A

The Monarch Butterfly page 95

1. orange and black
2. C
3. Each butterfly has different marks on its wings.

La mariposa monarca página 96

1. anaranjado y negro
2. C
3. Cada mariposa tiene marcas diferentes en las alas.

Who Lives at Your House? page 97

1. four
2. three
3. more people
4. seven

¿Quién vive en tu casa? página 98

1. cuatro
2. tres
3. más gente
4. siete

The Zoo page 99

1. C
2. true
3. true
4. Answers will vary.

El zoológico página 100

1. C
2. verdadero
3. verdadero
4. Las respuestas varían.

Getting Along page 101

1. C
2. C
3. Answers will vary.

Nos llevamos bien página 102

1. C
2. C
3. Las respuestas varían.

Making Friends page 103

1. A
2. Answers will vary.

Hacer amigos página 104

1. A
2. Las respuestas varían.

Our Community page 105

1. A
2. post office, police station, library
3. Answers will vary.

Nuestra comunidad página 106

1. A
2. oficina postal, estación de policía, biblioteca
3. Las respuestas varían.

Parks page 107

1. D
2. B
3. A
4. C
5. Answers will vary.

Parques página 108

1. D
2. B
3. A
4. C
5. Las respuestas varían.

Taking Turns page 109

1. D
2. Answers will vary.
3. C

Tomar turnos página 110

1. D
2. Las respuestas varían.
3. C

Our Mail Carriers page 111

1. numbers
2. they do not make a mistake.
3. 869—Mary Tag; 123—Chris Box; 457—Luz Negra

Nuestros carteros página 112

1. números
2. no cometer un error.
3. 869—Mary Tag; 123—Chris Box; 457—Luz Negra

Stars page 113

1. B
2. B
3. T
4. T
5. T

6. F

Las estrellas página 114

1. B
2. B
3. T
4. T
5. T
6. F

Rabbits page 115

1. D
2. carrot, broccoli, apple, cabbage
3. Answers will vary.

Los conejos página 116

1. D
2. zanahoria, brócoli, manzana, repollo
3. Las respuestas varían.

Hedgehogs page 117

1. animal
2. pointed or small
3. fur
4. spines
5. ball

Los erizos página 118

1. animal
2. pequeña o afilada
3. piel
4. espinas
5. bola

Birds **page 119**

Color—red, black, brown, white, blue, orange, blue

Size—small, large

Number—many, three, four, two, one, four, six

Las aves **página 120**

Color—rojo, negro, café, blanco, azul, anaranjado, azul

Tamaño—pequeño, grande

Número—muchos, tres, cuatro, dos, uno, cuatro, seis

Woof the Dog **page 121**
1. B
2. Woof's owner
3. first

Woof el perro **página 122**
1. B
2. La dueña del perro
3. primero

Soccer **page 123**
1. C
2. A
3. picture of a soccer ball

El fútbol **página 124**
1. C
2. A
3. dibujo de una pelota de fútbol

The Dog Walker **page 125**
1. B
2. Frank is a funny dog.
3. A

La niña que lleva a caminar a los perros **página 126**
1. B
2. Frank es un perro gracioso.
3. A

At the Airport **page 127**
1. D
2. C
3. A
4. B

En el aeropuerto **página 128**
1. D
2. C
3. A
4. B

Pilots **page 129**
1. D
2. A
3. B
4. C
5. C

◆◆

Los pilotos   página 130
1. D
2. A
3. B
4. C
5. C

Fire Fighters   page 131
1. F
2. O
3. F
4. O
5. F
6. F

Los bomberos   página 132
1. H
2. O
3. H
4. O
5. H
6. H

The Family Garden   page 133
1. C
2. B
3. D
4. they have grown a lot of food.

El jardín de la familia   página 134
1. C
2. B
3. D
4. han cultivado muchos alimentos.

Vegetables for Sale   page 135
1. tomato—quarter; carrot—dime
2. 3 quarters
3. 60¢ (6 dimes)

Se venden verduras   página 136
1. tomate—veinticinco centavos; zanahoria—diez centavos
2. 3 monedas de veinticinco centavos
3. 60 c (6 monedas de diez centavos)

Weather   page 137
1. A
2. B
3. weather
4. Plants

El clima   página 138
1. A
2. B
3. climas
4. Las plantas

Clouds   page 139
1. C
2. C
3. C
4. A

Las nubes   página 140
1. C
2. C
3. C
4. A

The Earth page 141

1. C
2. A
3. D
4. A

La tierra página 142

1. C
2. A
3. D
4. A

Starfish page 143

1. D
2. A
3. B
4. C

La estrella de mar página 144

1. D
2. A
3. B
4. C

Deserts page 145

1. No
2. Yes
3. No
4. No
5. Yes
6. Yes

Los desiertos página 146

1. No
2. Sí
3. No
4. No
5. Sí
6. Sí

0-7682-3421-2 *Bilingual Reading Comprehension*